MEMOIRE
en Images

GENNEVILLIERS

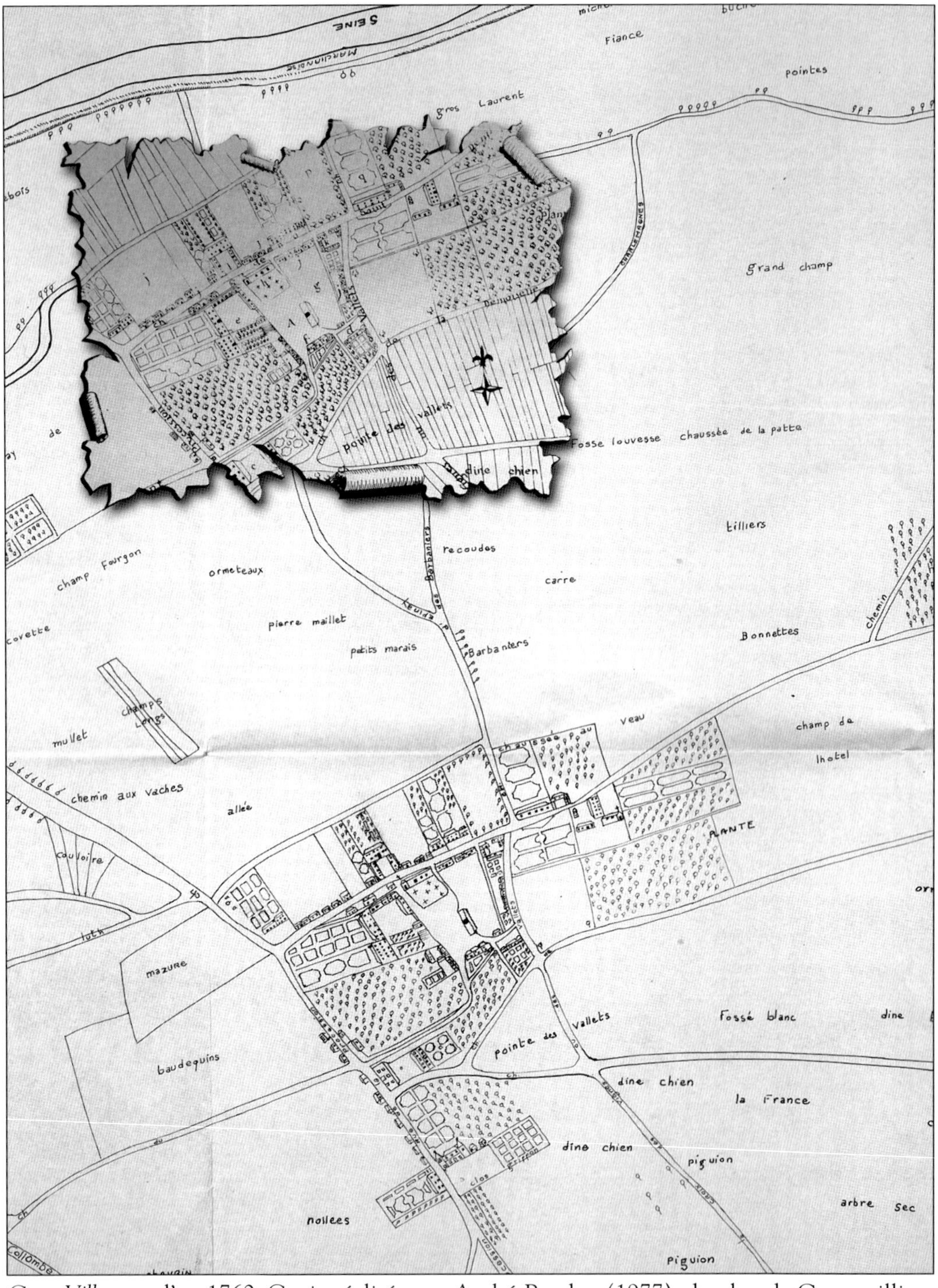

Gene Villare en l'an 1760. Copie réalisée par André Bogdan (1977), du plan de Gennevilliers dressé en 1760. (Archives nationales ©)

MEMOIRE
en Images

GENNEVILLIERS

Jocelyne Tournet-Lammer

ALAN
SUTTON

Dans la même collection

Département des Hauts-de-Seine

Asnières-sur-Seine
Bois-Colombes
Chaville
Clamart
Clichy-la-Garenne
Colombes
Courbevoie I et II
Le Mont-Valérien
Levallois-Perret
Nanterre
Neuilly-sur-Seine
Puteaux I et II
Rueil-Malmaison
Sceaux
Sèvres
Suresnes I et II
Vanves

Département de Seine-Saint-Denis

Aubervilliers
Bobigny
Drancy I et II
Le Blanc-Mesnil
Le Bourget
Pantin
Saint-Denis 1948-1976

De nombreux ouvrages ont été publiés dans les autres départements français.
Un catalogue de plus de 700 titres est disponible sur simple demande
auprès de votre libraire, ou aux Editions Alan Sutton.

Editions Alan Sutton
8, rue du Docteur Ramon
37540 Saint-Cyr-sur-Loire

Première édition octobre 2002

ISBN 2-84253-797-1

Dépôt légal : octobre 2002
Imprimé en Grande-Bretagne par Midway Colour Print, Wiltshire

Sommaire

Remerciements

Par ordre de premières intervention, je remercie la Maison du tourisme de Gennevilliers, Michel Ducatillon qui m'a encouragée, Michel Marchand (grand collectionneur, indispensable ressource d'où provient la quasi totalité des cartes postales de ce recueil), Jacqueline Le Men (responsable du service municipal des archives et de la documentation d'où proviennent d'autres documents et surtout les précieuses cartes et gravures) et son équipe, plus particulièrement Marie-José Brahim-Perroux, Claire d'Hoine, Bernadette Wolf, ainsi que Georges Quiqueré (président de la Société d'histoire de Gennevilliers), Solange Le Flem de la société le Carbone-Lorraine, Michel Louis (directeur adjoint à la Snecma Gennevilliers), Eric Christina et Dominique Prot de cette même société, Jean-Pierre Geneste (élève de l'école Saint-Jean des Grésillons de 1912 à 1918), Pierre Appy (trésorier de la Société d'histoire de Gennevilliers),.
Mes remerciements vont également au maire Jacques Bourgoin, ainsi qu'à Gérard Loeuilliette (directeur général adjoint des services de la ville) et à Arnaud Coignet (directeur du développement culturel) pour leur soutien, à Djamel Abssi et à Didier Comellec de la direction de l'information et de la communication.
Une mention toute particulière pour Jean-Luc Lammer, mon époux, qui m'a « numériquement » beaucoup aidée. Merci à tous ceux qui de près ou de loin m'ont apporté leurs encouragements.

Sources et Bibliographie

Appy Pierre, *Gennevilliers et la Seine, un mariage de raison*, Société d'histoire de Gennevilliers, 1998.
Bachelard Patrice (direction d'ouvrage), *De Manet à Caillebotte : les impressionnistes à Gennevilliers*, éditions Plume et CCC de Gennevilliers, 1993.
Bories Laurence, *70 ans du GIRGA*, groupement des industriels de la région Gennevilliers/Asnières, 1995.
Bournon Fernand, *Etat des communes à la fin du XIXe siècle : Gennevilliers*, Montévrain, 1898.
Gérome Noëlle, *De Gnome et Rhône à la Snecma*, Le temps des cerises, 2000.
Laffitte Jean, *Gennevilliers, évocation historique*, tome 2, « *De la fin du XIXe siècle à 1970* », 1970, édité par la ville.
Millard Jean, *Paris, histoire d'un port : du port de Paris au port autonome de Paris*, L'Harmattan, 1994.
Quinot Robert, *Gennevilliers, évocation historique*, tome 1, « *Des origines à la fin du XIXe siècle* », 1966, édité par la ville.
Quiqueré Georges, *Le Patrimoine des communes des Hauts-de-Seine*, éditions Flohic, 1994.
Gennevilliers à travers les âges, catalogue de l'exposition, 1953.
Histoires d'eaux à l'usine de Colombes, SIAAP, musée d'art et d'histoire de Colombes, 1997.
Images de Gennevilliers, cartes postales du début du siècle, 1985, édité par la ville.

Tous les articles historiques parus dans le mensuel *Gennevilliers magazine*, depuis 1983 et autres ouvrages, articles, études et cédéroms consultables en bibliothèque ou aux archives municipales.

Préface

Au moment où Gennevilliers s'apprête à commémorer sa création, il y a 700 ans, en 1303, par une parade et une grande fête médiévale, mais aussi par une exposition retraçant les grandes étapes de ces sept siècles d'histoire et de nombreuses initiatives culturelles, on ne peut que se réjouir de l'édition de cet ouvrage de *Mémoire en Images*.

Ce livre est le produit d'un patient travail, celui de Jocelyne Tournet-Lammer, Gennevilloise d'adoption, chercheuse en communication longtemps chargée de mission dans l'édition et la valorisation patrimoniale à l'Institut national de l'Audiovisuel, mais aussi de Michel Marchand, dont l'exceptionnelle collection de cartes postales anciennes constitue le cœur de l'ouvrage. Complété par des documents iconographiques et cartographiques, notamment les plans cadastraux conservés aux archives municipales, l'ouvrage nous apporte à travers un parcours en images une vision d'une ville en construction et d'une époque de mutations.

De la fin du XIXe siècle à la veille de la Seconde Guerre mondiale, les images réunies ici, que les Gennevillois comme tous les passionnés d'histoire ou les visiteurs de notre cité découvriront ou redécouvriront avec plaisir, nous invitent à revisiter l'espace de la ville d'aujourd'hui, à prendre la pleine mesure des transformations réalisées pendant l'ère industrielle.

Gennevilliers, alors bourg rural, devient une ville industrielle fortement marquée par les activités nouvelles et la culture ouvrière qu'elles génèrent. En deçà de la grande Histoire, des transformations économiques, sociales et politiques, les cartes postales illustrent aussi le changement des paysages et du mode de vie, nous invitent à la rencontre avec les femmes et les hommes qui ont fait notre ville, à entrer dans leur quotidien, à découvrir, parfois au-delà des regards, toutes ces histoires individuelles qui participent des grands mouvements collectifs.

Complétant les travaux de la Société d'histoire et les CD roms d'un autre Gennevillois, Michel Ducatillon, nous disposerons dorénavant avec ce livre d'une nouvelle somme documentaire qui servira non seulement à la préservation d'un véritable patrimoine, mais aussi à écrire l'histoire d'un moment clef de la transformation économique, sociale et culturelle de la presqu'île de Gennevilliers enserrée dans la boucle nord de la Seine.

Au-delà de l'intérêt documentaire, historique et touristique, le livre, travail sur la mémoire, objet souvenir, nous aidera aussi, je l'espère, à mieux nous approprier la ville, à en mesurer l'identité et à renforcer le lien entre les anciens Gennevillois et les nouveaux habitants de la cité. Connaître le passé, c'est aussi mieux se connaître, savoir d'où l'on vient et être mieux armé pour construire l'avenir.

2003 sera l'année du 700e anniversaire de la ville ; nous voulons aussi qu'elle soit l'année des assises de Gennevilliers, au cours desquelles, ensemble, nous tracerons les voies de demain, lorsque l'achèvement du métro et l'interconnexion avec le tramway contribueront à une meilleure desserte de nos quartiers en même temps qu'à une plus grande ouverture sur nos voisins, au sein de la grande agglomération parisienne. Alors que l'espace urbain se transforme, s'ouvre et se restructure, inaugurant une nouvelle mutation pour la ville, il est intéressant que l'on puisse mesurer le chemin parcouru en même temps que celui qu'il nous reste à dessiner ensemble.

Tel est le sens des manifestations de 2003, tel est aussi le message que nous adresse cette mémoire en images.

Jacques Bourgoin
Maire de Gennevilliers
Conseiller général des Hauts-de-Seine

Place de la Mairie (place Jean Grandel) et rue de la Procession. Dans le haut Moyen Age, un château construit par les Mérovingiens existait à la place de l'ancienne mairie. Ce château de Gannes fut démoli au XVe siècle. Au XVIIIe siècle, le cimetière se situait sur cette place, à côté de l'église. Au début du XIXe siècle le village est la partie centrale de Gennevilliers et le restera jusqu'au début du XXe. Tout autour, il n'y a encore que des champs.

Cette charrette transporte le vin rue Félicie. Il existait à Gennevilliers, région agricole et viticole au début du XXe siècle, une cinquantaine de marchands de vins qui disparurent petit à petit.

Avant-propos

Des dernières années du XIXe siècle aux années 1930, très rares étaient les privilégiés qui disposaient du téléphone. Phénomène inverse, la photographie, inventée en 1826 par Nicéphore Niepce et rendue accessible au grand public dès 1838 par les travaux de Jacques Daguerre, connaissait un engouement extraordinaire. Ajoutons à cela les remarquables progrès des services postaux, capables d'acheminer le courrier de l'expéditeur au destinataire en 24 heures sur tout le territoire national. Nous avons ainsi l'explication du formidable succès des cartes postales durant toute cette période.

On en éditait de toutes sortes, reproduisant des paysages, bien sûr, mais aussi les scènes les plus diverses de ce qui faisait le quotidien de nos parents et grands-parents : fêtes, traditions, conflits sociaux, guerres, métiers, événements sportifs, déclarations d'amour, naissances et bien d'autres sujets. Elles sont, de nos jours, fort recherchées par les collectionneurs et constituent surtout une mine inépuisable de renseignements précieux pour les historiens. Elles sont les indispensables témoignages de l'évolution intervenue en quelques décennies de l'habitat, du costume, de l'urbanisme, du mode de vie en général.

Une Gennevilloise, Jocelyne Tournet-Lammer, a mis au jour les trésors de Michel Marchand, grand collectionneur, et a suivi des conseils éclairés de la directrice et des employés des archives municipales, pour nous délivrer ce précieux ouvrage qui réunit les meilleurs documents de l'histoire pourtant récente de notre ville, qui semble déjà si lointaine à la quasi-totalité de nos contemporains.

Certains de ces derniers découvriront avec nostalgie des scènes de la vie passée de Gennevilliers, apparemment beaucoup plus calme et ordonnée que de nos jours. La réalité est tout autre : la vie de nos concitoyens était dure, la semaine de travail harassante, les soins médicaux aléatoires, l'espérance de vie réduite, les vacances inexistantes…

« *A chacun son temps* » dit l'adage. Ce rappel de ce que fut celui de nos anciens nous permet de mesurer les changements intervenus dans notre environnement et nos habitudes.

D'autres changements interviendront inéluctablement. Que diront les petits-enfants des plus jeunes d'entre nous quand ils tenteront de reconnaître le Gennevilliers de leur époque dans les photos d'aujourd'hui ?

Georges Quiqueré
Président de la Société d'histoire de Gennevilliers

Le 29 septembre 1746, le maréchal-duc de Richelieu, petit-neveu du Grand Cardinal, devient propriétaire du château situé entre l'actuelle rue des Chevrins et la rue des Marchais (rue de Paris puis rue Jean Jaurès), qui appartenait au duc de La Trémoille, pair de France. Le maréchal-duc acquiert également tous les terrains situés autour de cette propriété. Il fait aménager un grand parc à l'anglaise, agrandir et embellir les bâtiments existants et fait construire, entre autres, une orangerie. De grandes fêtes et des parties de chasse sont organisées.
En 1783, alors que l'ensemble appartient au duc de Fronsac, est donnée la première représentation du *Mariage de Figaro* de Beaumarchais. En 1902, le château est transformé en école.

I

Repères historiques et architecturaux

Depuis 1863, la ligne de chemin de fer Paris-Argenteuil passait sur le territoire de Gennevilliers sans s'y arrêter. La même année, une autre ligne avait été construite en même temps que les docks de Saint-Ouen, mais restant sur la rive droite de la Seine. Quarante ans plus tard, en janvier 1904, la ligne de chemin de fer allant des docks de Saint-Ouen à Ermont-Eaubonne est déclarée d'utilité publique. L'expropriation des terrains est nécessaire pour sa construction et celle de cette gare. Presque en même temps commence la construction des ponts permettant la traversée de la presqu'île.

Jusqu'en 1705, Gennevilliers dépendait de la Varenne du Louvre qui devient à cette date la Varenne des Tuileries, une des treize capitaineries maintenues par Louis XIV et qui avait été créée en 1597 par Henri IV. Levée sur ordre de Louis XV, la carte des chasses est poursuivie sous le Consulat et l'Empire et achevée seulement en 1807. Cet extrait de la carte des chasses de 1764, au 1/28 000e provenant de *L'Etat des communes*, éditions Montévrain, 1898, est un document d'une grande précision et d'une grande richesse pour l'étude de la plaine de Gennevilliers au XVIIIe siècle.

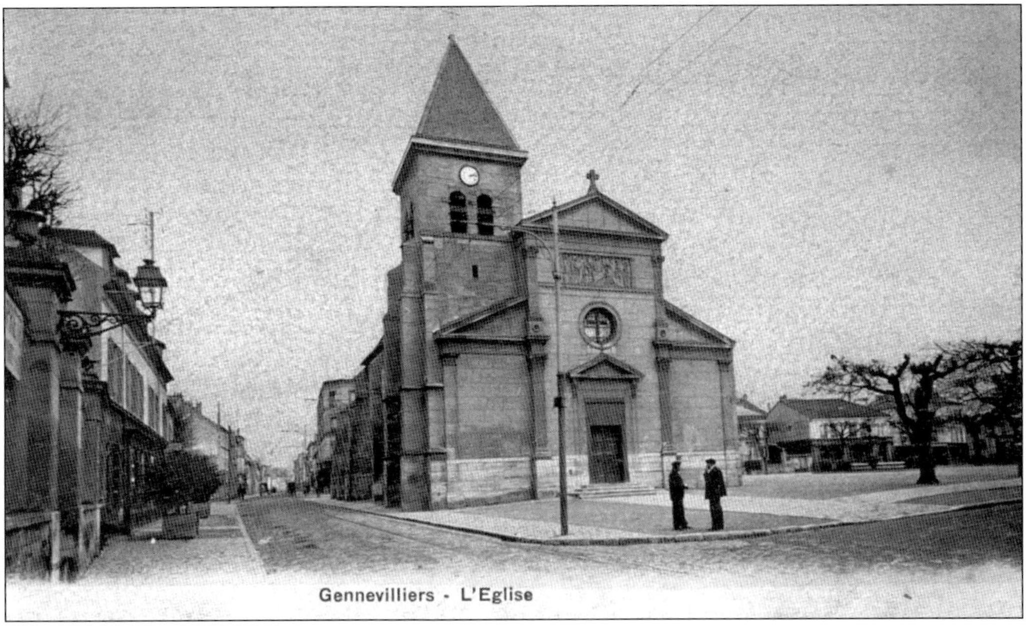

L'église Sainte-Marie-Madeleine reconstruite au milieu du XVIIe siècle adopte le plan basilical rectangulaire de style jésuite, caractérisé ici par des colonnes très minces, tout en conservant des éléments d'architecture gothique telles que les voûtes d'ogives. Les colonnes sont renforcées au XVIIIe siècle par un système de serrage par coins métalliques. La façade néo-classique de 1830 rompt le charme campagnard de l'église. Son clocher est l'héritage d'une ancienne église détruite lors des inondations de 1649. Elle est consacrée le 19 avril 1665 par Guillaume de Boux, évêque de Dax.

L'ancienne mairie, construite entre 1862 et 1865 par Jacques Lequeux, n'a pas encore d'horloge, elle est fermée par une grille qui disparaît dans les années 1950. La maison située à gauche de la mairie n'est pas encore surmontée par l'hôtel faisant l'angle avec la rue Félicie.

Face à une allée du parc du château (devenue rue Félix Faure), le château de l'Horloge, belle demeure du début du XIXe siècle, appartenait à monsieur Bignon, restaurateur parisien. Situé perpendiculairement à la rue de Paris (avenue Jean Jaurès), il faisait face à une grande ferme. L'ensemble est mis en vente à l'amiable en 1912 (voir ci-dessous) et acquis par la société le Carbone en 1913. Les bâtiments sont détruits pour faire place aux constructions de cette grande entreprise.

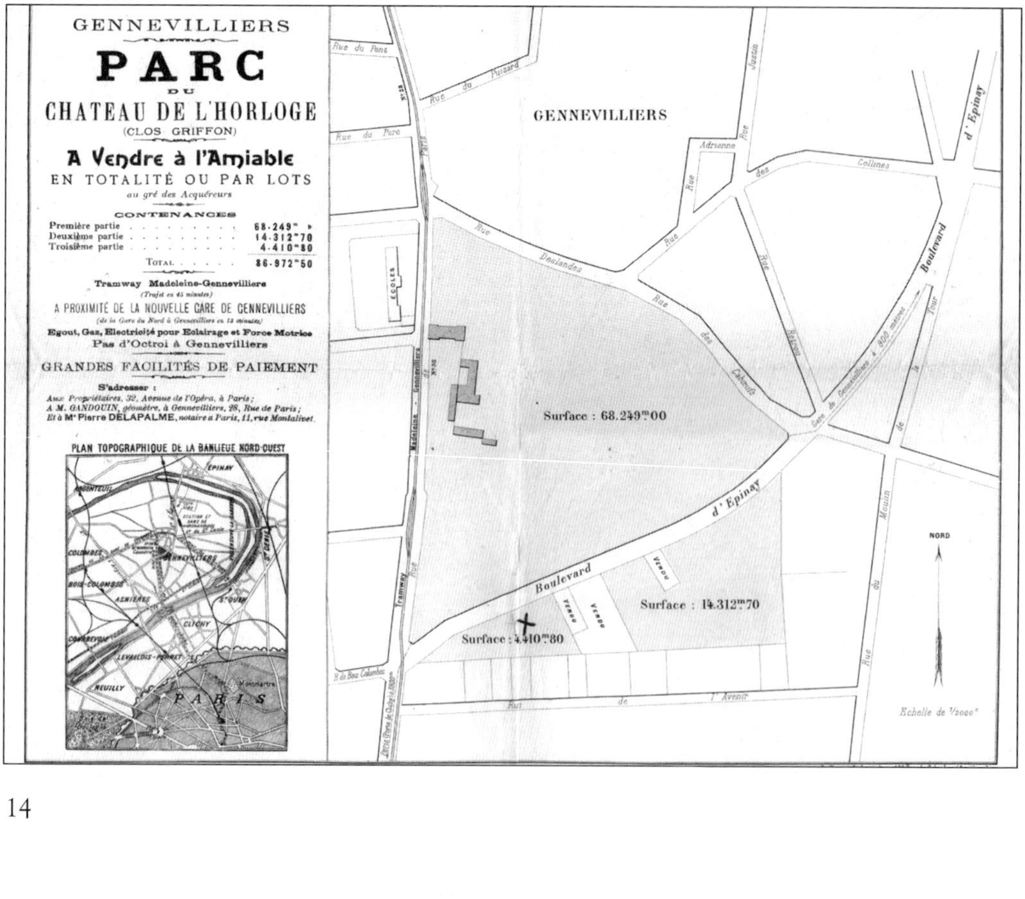

Gennevilliers - Ancien Château de Richelieu (Grottes)

On accédait au belvédère du château de Richelieu, pavillon rond en forme de temple, par un escalier extérieur. Construit en 1752, situé en bordure de l'actuelle rue du pont d'Argenteuil, il surmontait une colline recouvrant une grotte artificielle qui servait de glacière au château. Le dôme, orné de peintures, couronne une colonnade formant une galerie couverte. Louis XV aimait s'y rendre en compagnie de madame de Pompadour. En 1914, il ne reste plus que la grotte envahie par la végétation.

H. D. 19. GENNEVILLIERS. — La Grotte du Parc

Le moulin de la Tour, édifice de pierre datant du milieu du XVIIIe siècle, est construit par la famille Brenu. Il se trouvait dans l'actuelle rue Henri Barbusse. Contrairement à la légende de la carte ci-contre, il s'agit bien du moulin de la Tour et non du Moulin de la Galette. Ne produisant plus de farine, le moulin devient une habitation. Un escalier intérieur conduit au toit aménagé en terrasse d'où l'on pouvait voir les champs. En 1875, Berthe Morisot en fit un tableau qu'elle baptisa *Le petit moulin de Gennevilliers*. Le bâtiment est détruit en 1933.

Le Moulin de la Galette, dont on devine l'enseigne sur la photo de la page précédente, est un restaurant situé non loin du moulin de la Tour. C'est dans cette rue du Moulin de la Tour qui sépare le centre de la ville des Grésillons que sera implantée, sur le trottoir opposé, l'usine Chenard et Walcker.

La rue Aguado, devenue Henri Aguado, ouverte au début du XIXe siècle, grâce au baron d'origine espagnole Alexandre Aguado, riche banquier, qui achète un grand terrain et y fait construire, entre autres, cette maison. Rachetée par la commune à Louis Royer à la fin du XIXe siècle, elle devient le nouveau presbytère dès 1900. Elle abrite maintenant la fondation Buzenval.

Cette allée, qui deviendra la rue Félix Faure, laisse apparaître l'autre côté du château du maréchal-duc de Richelieu. Depuis 1904, il est aménagé en école des garçons. Cette allée qui débouche sur la rue de Paris, actuelle rue Jean Jaurès, est fermée par une chaîne et deux grands arbres et se trouve face au domaine Bignon. La partie où l'on voit les fenêtres fermées est détruite dans les années 1930.

La façade du château que l'on voit sur ce cliché est celle qui donne sur la rue de Paris (rue Jean Jaurès). Il est racheté par la ville à Auguste Révérand en juin 1902. Le mur que l'on aperçoit tout à fait à gauche est celui de la propriété du château de l'Horloge.

L'école de la rue Aguado (rue Henri Aguado) construite en 1873 par l'architecte Jacques-Paul Lequeux devient vite exiguë. La commune rachète alors ce qui reste du château pour en faire l'école des garçons. L'école de la rue Aguado reste l'école des filles et la maternelle. Elle est d'abord agrandie en 1908 puis en 1911. Une autre entrée se fait par la place du Puits Ponceau.

Ecole privée catholique pour jeunes filles, cet externat se trouvait à l'emplacement de l'actuelle maison des anciens combattants, rue de Paris prolongée (rue Eugène Varlin). Elle a été agrandie plusieurs fois. Toutes bien habillées pour la photographie, ces demoiselles ont sorti pour l'occasion le col Claudine de rigueur.

La population augmente dans le quartier des Grésillons où des rues sont ouvertes en 1863. Loin du village, il n'y avait pourtant pas de véritable école dans ce quartier jusqu'à ce que le conseil municipal décide d'en construire une en 1883. Jusqu'en 1888, date à laquelle est terminée cette partie de bâtiment, les enfants font deux kilomètres pour se rendre à l'école du centre. L'école est achevée en 1893.

Départ de la procession à l'occasion de la Fête-Dieu. Le presbytère avant d'être transféré rue Aguado se trouvait à l'angle des rues de Colombes et de Paris prolongée. Ce bâtiment a été agrandi et transformé en école de garçons à la fin des années 1920.

L'ancienne chapelle Saint-Jean des Grésillons qui a été remplacée par l'église Saint-Jean semble érigée en pleins champs. Les constructions sont encore rares dans ce quartier…

L'ancienne poste du village, rue de Paris (Jean Jaurès)… et l'église Sainte-Jeanne d'Arc, située avenue du Pont de Saint-Ouen (avenue Louis Roche), aujourd'hui restaurant.

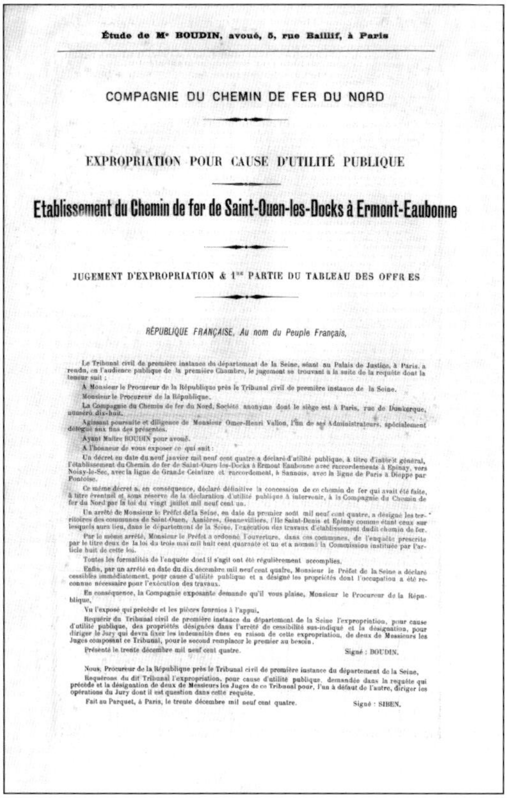

Étude de Me BOUDIN, avoué, 5, rue Baillif, à Paris

COMPAGNIE DU CHEMIN DE FER DU NORD

EXPROPRIATION POUR CAUSE D'UTILITÉ PUBLIQUE

Etablissement du Chemin de fer de Saint-Ouen-les-Docks à Ermont-Eaubonne

JUGEMENT D'EXPROPRIATION & 1re PARTIE DU TABLEAU DES OFFRES

RÉPUBLIQUE FRANÇAISE, Au nom du Peuple Français,

Le Tribunal civil de première instance du département de la Seine, séant au Palais de Justice, à Paris, a rendu, en l'audience publique de la première Chambre, le jugement se trouvant à la suite de la requête dont la teneur suit :

A Monsieur le Procureur de la République près le Tribunal civil de première instance de la Seine.

Monsieur le Procureur de la République.

La Compagnie du Chemin de fer du Nord, Société anonyme dont le siège est à Paris, rue de Dunkerque, numéro dix-huit.

Agissant poursuite et diligence de Monsieur Omer-Henri Vallon, l'un de ses Administrateurs, spécialement délégué aux fins des présentes.

Ayant Maître BOUDIN pour avoué.

A l'honneur de vous exposer ce qui suit :

Un décret en date du neuf janvier mil neuf cent quatre a déclaré d'utilité publique, à titre d'intérêt général, l'établissement du Chemin de fer de Saint-Ouen les-Docks à Ermont Eaubonne avec raccordements à Epinay, vers Noisy-le-Sec, avec la ligne de Grande Ceinture et raccordement, à Sannois, avec la ligne de Paris à Dieppe par Pontoise.

Ce même décret a, en conséquence, déclaré définitive la concession de ce chemin de fer qui avait été faite, à titre éventuel et sous réserve de la déclaration d'utilité publique à intervenir, à la Compagnie du Chemin de fer du Nord par la loi du vingt juillet mil neuf cent un.

Un arrêté de Monsieur le Préfet de la Seine, en date du premier août mil neuf cent quatre, a désigné les territoires des communes de Saint-Ouen, Asnières, Gennevilliers, l'Ile Saint-Denis et Epinay comme étant ceux sur lesquels aura lieu, dans le département de la Seine, l'exécution des travaux d'établissement dudit chemin de fer.

Par le même arrêté, Monsieur le Préfet a ordonné l'ouverture, dans ces communes, de l'enquête prescrite par le titre deux de la loi du trois mai mil huit cent quarante et un et a nommé la Commission instituée par l'article huit de cette loi.

Toutes les formalités de l'enquête dont il s'agit ont été régulièrement accomplies.

Enfin, par un arrêté en date du dix décembre mil neuf cent quatre, Monsieur le Préfet de la Seine a déclaré cessibles immédiatement, pour cause d'utilité publique et a désigné les propriétés dont l'occupation a été reconnue nécessaire pour l'exécution des travaux.

En conséquence, la Compagnie exposante demande qu'il vous plaise, Monsieur le Procureur de la République,

Vu l'exposé qui précède et les pièces fournies à l'appui,

Requérir du Tribunal civil de première instance du département de la Seine l'expropriation, pour cause d'utilité publique, des propriétés désignées dans l'arrêté de cessibilité sus-indiqué et la désignation, pour diriger le Jury qui devra fixer les indemnités dues en raison de cette expropriation, de deux de Messieurs les Juges composant ce Tribunal, pour le second remplacer le premier au besoin.

Présenté le trente décembre mil neuf cent quatre. Signé : BOUDIN.

Nous, Procureur de la République près le Tribunal civil de première instance du département de la Seine,

Requérons du dit Tribunal l'expropriation, pour cause d'utilité publique, demandée dans la requête qui précède et la désignation de deux de Messieurs les Juges de ce Tribunal pour, l'un à défaut de l'autre, diriger les opérations du Jury dont il est question dans cette requête.

Fait au Parquet, à Paris, le trente décembre mil neuf cent quatre. Signé : SIBEN.

Ordre d'expropriation pour cause d'utilité publique dans la perspective de l'établissement d'un chemin de fer de Saint-Ouen-les-Docks à Ermont-Eaubonne. Cette nouvelle n'a pas toujours été très bien acceptée par certains propriétaires. Il a fallu tour à tour un jugement du tribunal civil de la Seine puis, en 1905, un décret du président de la République lui-même, déclarant l'urgence de commencer les travaux pour en accélérer la mise en œuvre.

L'implantation de la gare de marchandises à Gennevilliers s'est faite simultanément avec le développement industriel local. Elle connaît depuis le début un important trafic.

Il a fallu quatre années pour réaliser la construction de cette coquette gare et la mise en place de la ligne Paris-Ermont. Ouverte à l'exploitation le 1er juillet 1908, le trafic des voyageurs est bien moins important que celui des marchandises. Les voyageurs sont essentiellement des ouvriers de l'usine à gaz, de Paris ou de Seine-et-Oise, qui travaillent dans la région. Elle abrite aujourd'hui un établissement de restauration rapide.

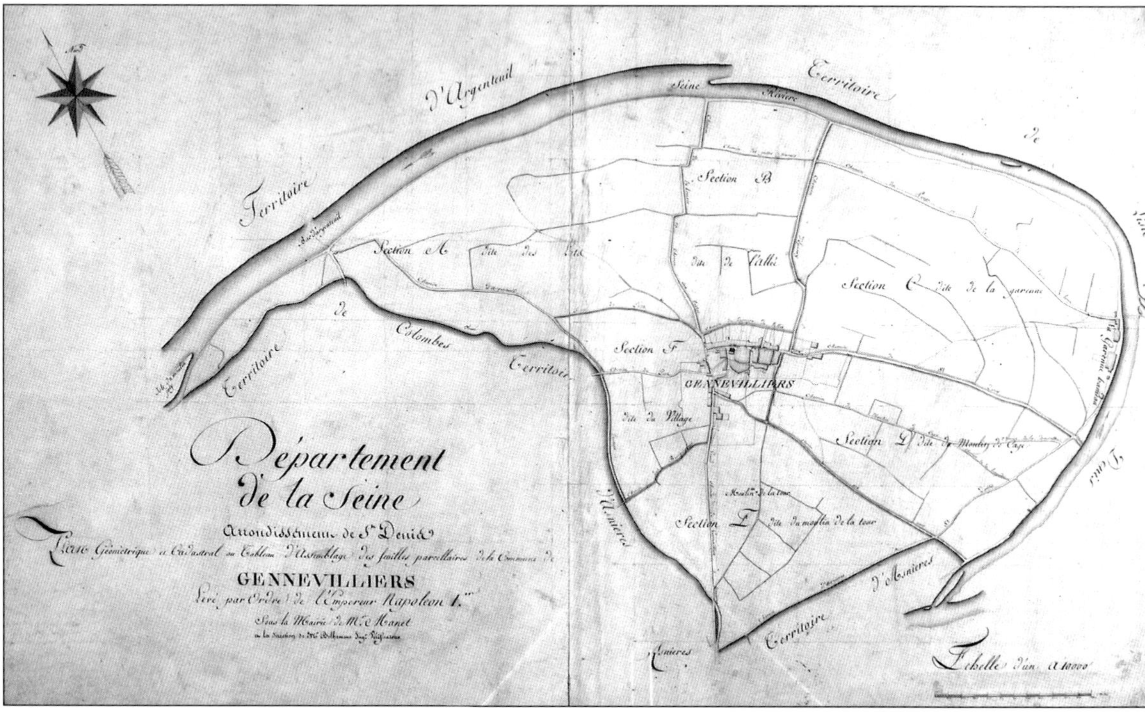

Si la notion de cadastre existe depuis la plus haute Antiquité, la noblesse et le clergé du Moyen Age lèvent éventuellement les impôts grâce aux « livres-terriers » ayant un caractère purement local. Sous l'Ancien Régime, certaines provinces établissent des « parcellaires », mais le principe d'un véritable cadastre national est admis seulement par l'Assemblée constituante en 1790, supprimant les anciens impôts pour les remplacer par une contribution foncière unique. Ce projet n'entre en phase d'exécution qu'en 1807 grâce à Napoléon 1er qui voulait faire du cadastre parcellaire un complément du Code. Dans la plupart des communes, le tableau d'assemblage et les feuilles parcellaires ont été établis entre 1807 et 1850. Celui de Gennevilliers date de 1813, alors que Clément Manet était maire de la ville.

II
Le village

Sur la place, aujourd'hui Jean Grandel, existait une jolie fontaine de fonte surmontée d'un lampadaire à gaz. La fontaine offerte à la commune à la fin du XIXe siècle par la ville de Paris a été déplacée dans le square de la rue Dubost (rue de la Paix) au tout début de la Seconde Guerre mondiale lors de la destruction du bassin. A sa place, il était prévu de creuser des abris antiaériens. Par la suite, sans doute volée, on ne l'a pas retrouvée.

En 1910, Gennevilliers compte 2 000 maisons environ ; 1 227 ont été endommagées et 13 complètement démolies par les inondations. Toutefois une partie du village n'a pas été très atteinte, seules les caves ont été inondées. Cette carte postale montre le croisement de la rue de Paris (rue Jean Jaurès) avec la rue de Colombes (rue Lucien Lanternier). A droite, juste après le carrefour, on aperçoit le dépôt des tramways.

La jolie place du Puits Ponceau se trouve à l'ouest du village. Jusqu'à la fin du XVIIIe siècle, une ruelle en partait pour déboucher sur la place de la Mairie (place Jean Grandel).

Ces deux clichés ont été pris à peu près du même endroit et il s'agit bien de la rue Saint-Denis (rue Pierre Timbaud) sur la carte des inondations contrairement à ce qu'indique sa légende. C'est le 29 janvier que la crue est à son point culminant. Le travail dans les usines s'arrête, il n'y a plus d'école, même les boulangers doivent cesser de faire le pain. Il a fallu deux semaines au moins pour que les rues soient dégagées des boues. Les habitants, dans leurs embarcations de fortune, semblent tout de même garder le sourire…

La rue Saint-Denis (rue Pierre Timbaud) est l'une des deux rues les plus importantes et les plus commerçantes du village qui commence réellement à l'intersection située au-delà des arbres de la place du Puits Ponceau que l'on voit sur la gauche de cette carte. A droite, la grande porte cochère surmontée d'un mât est celle de la gendarmerie de l'époque.

La même rue, dans l'autre sens. La grille que l'on remarque sur la gauche est l'entrée de la propriété du lieutenant et baron de Staal qui, en 1735, épouse mademoiselle de Launay. Madame de Staal de Launay s'ennuie dans ce domaine campagnard contrairement à ce qu'elle a supposé avant d'y demeurer. Femme de Lettres, la rédaction de ses mémoires est une grande consolation pour elle. Ce divertissement publié en 1755 après sa mort est un succès. C'est à cet endroit que s'installe, en 1920, la non moins célèbre CTM (Compagnie Tirage Maurice).

Vue de l'extérieur et sous cet angle, on remarque plus nettement la forme des toitures de l'église Sainte-Marie-Madeleine qui laisse voir le plan traditionnel en forme de croix latine d'une église de campagne. L'intérieur est à cette époque richement orné grâce notamment à quelques dons du comte de Portalis. On remarque les traverses métalliques destinées à empêcher l'écartement des colonnes, minces pour la hauteur de l'édifice.

Le marché couvert n'existe pas encore sur ce cliché, pas plus que la CTM. Sur la droite, on aperçoit les contreforts extérieurs de l'église et au loin, sur la gauche, l'actuelle brasserie du Village à l'angle de la rue de la Paix qui est aussi le bureau de tabac.

C'est ici le marché couvert construit en 1928 à l'angle de la rue Dubost (rue de la Paix) et de la rue Saint-Denis (rue Pierre Timbaud), juste en face de l'église. On aperçoit au-delà de la halle le toit du bâtiment qui abrite aujourd'hui le CMS (centre médico-social).

La rue Saint-Denis est toujours très animée… Nous apercevons sur la gauche ce qui sera la future brasserie du Village et un peu plus loin les enseignes du bureau de tabac. A droite, la Maison Nansot est déjà une boulangerie et plus loin la pharmacie existe toujours. Les rails du tramway sont très apparents au sol. La physionomie de la rue a peu changé.

Cette vue de la rue Saint-Denis est prise exactement dans le sens opposé à la précédente ; on distingue sur la gauche le facteur faisant sa tournée. Au loin le clocher de l'église.

Le 30 janvier 1910, rue Saint-Denis (rue Pierre Timbaud), près de la place du Nord, monsieur Fourcade (maréchal-ferrant) est sur une embarcation non loin de chez lui. La décrue se manifeste à partir de cette date. Il a fallu encore plusieurs jours pour que l'on puisse circuler normalement dans les rues. On peut voir en haut à droite l'enseigne de maréchal-ferrant : un fer à cheval fixé au mur de la maison.

En arrivant place du Nord, c'est un autre aspect du village que nous découvrons. C'est toute la rue Saint-Denis en perspective, vue presque depuis le bout du village.

Au coin de la rue du Nord (rue Rollet-Salvan), il y avait autrefois la maison d'arrêt, ancienne partie de propriété des Manet qui en avaient fait don à la ville. La démolition de cette bâtisse au début du XIXe siècle a permis de dégager cette place. Une borne-fontaine alimentant en eau les habitants du quartier y sera installée. De l'autre côté se trouve la ferme de l'Horloge. Une partie de celle-ci existe encore aujourd'hui, transformée en centre d'exposition, de réception…

Nous nous trouvons ici tout au bout du village. Cette partie de la rue Félicie qui rejoint la rue Croix des Vignes (rue Jules Larose) a prolongé la rue de la Procession jusqu'au milieu du XIXe siècle, époque à laquelle la rue a été ouverte jusqu'à la place de la Mairie. En 1865, l'ensemble devient la rue Félicie telle qu'elle est aujourd'hui.

En avançant vers la place de la Mairie, un peu plus loin dans la rue Félicie, on aperçoit sur la gauche la boutique de Charles Briffault, ancienne famille gennevilloise, et sur la droite d'anciennes fermes typiques de l'Ile-de-France.

La rue de la Procession, que l'on aperçoit sur la gauche, est l'une des plus anciennes de Gennevilliers. De nos jours, elle est pratiquement inchangée.

Ouverte à peu près à la même époque que la rue Félicie, la rue Amélie abrite, au début du XXe siècle, une partie du très important marché forain qui se tenait sur la chaussée. On remarque les grands arbres qui bordent cette rue.

L'autre extrémité de la rue de la Procession débouche ici, place de la Mairie. Parallèle à la rue des Petites Murailles, elle est tracée en arc de cercle. La boucherie que l'on remarque sur la droite devient à la fin du XXe siècle une antenne de la mairie, lorsque celle-ci quitte la place pour rejoindre le nouveau centre administratif avenue Gabriel Péri. Ici la bouchère va faire ses livraisons.

Particulièrement animée, cette partie de la rue Félicie compte beaucoup de commerçants. On peut voir à gauche le bazar avec son auvent rayé et au coin le café A la Comète de 1881. Plus tard le bâtiment a été surélevé de trois étages.

De retour place Jean Grandel. La mairie est devenue l'école d'arts plastiques Edouard Manet où sont organisées régulièrement des expositions d'œuvres de nombreux artistes contemporains.

Dans le fond de la partie est de la place de la Mairie, nous apercevons la rue Félicie et sur la droite se trouve aujourd'hui la succursale d'une banque (BNP) qui fait l'angle de la rue du Puisard.

Le jardin de la rue Dubost (rue la Paix) est implanté sur une partie du terrain de monsieur Basly, riche propriétaire, qui fait don de sa propriété à la ville à la fin du XIXe siècle. La maison est transformée en centre administratif pour devenir ensuite le centre médico-social moyennant quelques modifications. C'est dans ce qui reste du parc qu'a été transporté le buste d'Alfred Durand-Claye, sis longtemps place Voltaire, que l'on doit au sculpteur Alfred Boucher. En 1935, un théâtre de plein air y est construit par l'architecte Louis Grossard. La fontaine que l'on aperçoit est celle qui a été déplacée de la place de la Mairie et qui a disparu.

La rue des Petites Murailles fait suite à la rue du Puisard. Elle est avec la rue de la Procession l'une des plus anciennes du village. Dans le haut Moyen Age, un mur d'enceinte existait au-delà de cette rue et de la rue du Bournaire qui donne un peu plus loin dans la rue Félicie, perpendiculairement à la rue Saint-Denis (rue Pierre Timbaud).

La décision d'ouverture de la rue Aguado date de 1827, alors qu'Alexandre Aguado achète un important terrain qu'il décide d'aménager.

Cette partie de la rue Aguado débouche sur la rue de Paris (rue Jean Jaurès). A l'angle de la rue à droite se trouve maintenant un immeuble. On aperçoit plus loin, face à la charrette, l'entrée de la propriété qui est devenue le nouveau presbytère en 1900. La rue est restée pratiquement identique depuis ce cliché.

Le bout de la rue de Paris (rue Jean Jaurès), juste avant le carrefour avec la rue de Colombes (rue Lucien Lanternier), envahie par la crue de la Seine en 1910. La grande grille sur la droite, derrière laquelle se trouve une belle maison, existe encore de nos jours.

Le même endroit du village que sur la vue précédente, juste avant le terminus du tramway dont on distingue les rails au sol. Le hangar à tramways se situait au carrefour à droite. Sur la gauche, on voit le bureau de poste et la laiterie Frapart.

La rue de Paris (rue Jean-Jaurès) au même endroit mais dans le sens opposé. Sur la gauche, la belle maison est celle où se sont installées pour un temps des sœurs de l'ordre de Saint-Vincent-de-Paul.

III
Les Grésillons

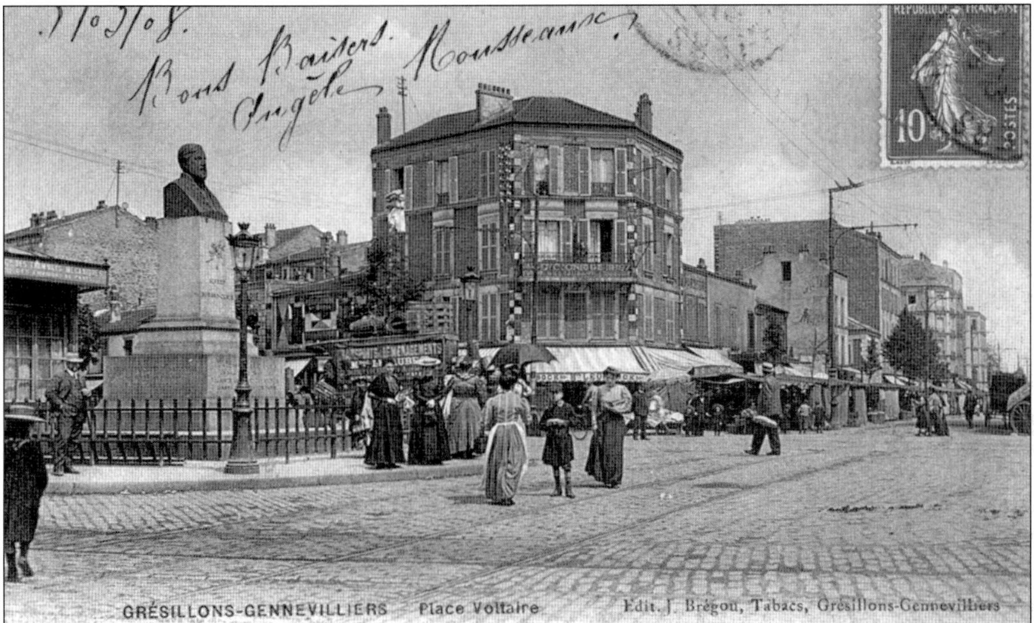

Le quartier des Grésillons se développe véritablement à partir du début du XXe siècle. Le bout de l'avenue de Paris (rue Gabriel Péri à ce niveau) débouche sur la place Voltaire qui est à cette époque la plaque tournante de ce quartier. L'immeuble que l'on voit sur cette carte se trouve à l'angle de l'avenue de Paris et de l'avenue des Grésillons qui, pour sa part, est restée en grande partie non construite jusque dans les années 1930. Au centre de la place trône le buste d'Alfred Durand-Claye, inauguré le 27 avril 1894, à qui l'on doit le système d'assainissement des eaux usées de la ville de Paris.

Le long de l'avenue des Grésillons se déroule, deux fois par semaine, le marché du quartier. Inauguré le 1er août 1887, c'est l'un des plus importants de la région avec une cinquantaine de commerçants installés sur les trottoirs larges de 8 à 9 m, dès 9 heures le matin et jusqu'à 16 heures. Le café Chez Léon, situé en bas de l'immeuble à gauche, porte l'enseigne Au Cyclone de 1897 qui rappelle une tornade qui a ravagé tout le sud de la presqu'île.

Au tout début de l'avenue des Grésillons, où se concentrent la majorité des habitations et des commerces, se situe l'établissement A Saint-Antoine, charcuterie et comestibles. Ici les quartiers de porcs sont exposés pour la photographie. C'est un secteur en pleine expansion où le commerce est très important au début du XXe siècle.

Dès le développement de l'épandage des eaux usées de la ville de la capitale, la fertilisation des champs s'intensifie et un grand nombre de maraîchers et de jardiniers s'installent aux Grésillons. Situé juste à côté du magasin A Saint-Antoine, ces cultivateurs vendent leurs récoltes de pommes de terre directement sur le pas de leur porte

Le marché se poursuit le long de l'avenue des Grésillons. Plus tard la chaussée est élargie, au détriment du trottoir, pour permettre la circulation du tramway allant de la place Voltaire à Villeneuve-la-Garenne.

A cet endroit du marché forain de l'avenue des Grésillons est construite, quelques années plus tard, la halle ouverte du marché, à l'emplacement de la cité Tenaille, à l'angle de la rue Marcel-Royer, du nom de deux cultivateurs différents Marcel et Royer. En 1934, commence la construction d'un grand marché couvert, un peu plus loin dans l'avenue. Récemment modernisé, il y demeure encore, proche de la salle des fêtes et du théâtre.

Ce quartier des Grésillons est en première ligne le long de la Seine lors des crues de 1910. Dès le 23 janvier l'avenue est complètement inondée. On peut remarquer que les wagons de service de la compagnie des tramways ont pris place sur la voie. On y déposait les boues des inondations.

Sur la partie droite de cette carte on voit les gens sur des refuges installés le long des boutiques et des immeubles pour permettre aux riverains de se déplacer. Dans ce quartier, il y a dans les rues aux alentours beaucoup d'artisans ; on y trouve pêle-mêle coiffeur, chapelier, quincaillier, ferrailleur, charbonnier, matelassier, ramoneur…

Le 29, lorsque la crue est à son apogée, l'avenue des Grésillons est complètement couverte. La plaine est entièrement submergée. Les travaux des champs obligatoirement suspendus n'ont repris qu'un mois plus tard en raison des risques d'enlisement.

L'usine du Triphasé se situe sur Asnières. Au premier plan l'avenue des Grésillons côté Asnières où il n'y a pas encore de maisons mais des champs cultivés. La rue Sainte-Marie, à gauche, est la première rue du quartier ouverte en 1863 sur les terres de Jules de Jouy, cousin d'Edouard Manet. A droite, on peut voir le passage Jaffeux.

Créée après la Première Guerre mondiale, la place Jaffeux a peu à peu gagné de l'importance. Le quartier a désormais sa place où ont lieu beaucoup de fêtes. Nous sommes ici dans les années 1930 puisque nous apercevons dans le lointain la poste construite en 1934 par l'architecte Louis Grossard et les lampadaires pour l'éclairage public électrique qui cohabitent avec les becs de gaz.

La rue Héloïse Michaud, percée dans le dernier quart du XIXe siècle, a gardé son nom d'origine qui correspond au nom du propriétaire d'une sablière qui occupait un grand terrain à l'emplacement même des rues qui ont été percées. Ainsi les rues Héloïse Michaud, Georges, Augustine Guignedoux et Léonie Caron sont toutes liées à la même personne et portent les noms de sa femme, de son fils, de la femme d'un ami, de sa bonne…

La rue Dupressoir est l'une des plus anciennes du quartier et porte le nom du propriétaire du terrain dans lequel la rue a été percée. C'est dans cette partie des Grésillons que l'on trouvait les différents ateliers de mécanique, nombreux à la fin du XIXe siècle.

La Maison Lecoq, fondée en 1876, est un fameux restaurant, spécialiste des repas de noces et des banquets. Elle peut mettre à la disposition de ses clients des salons allant de 20 à 300 couverts. On y célèbre les grandes occasions comme les mariages, les inaugurations, les grandes fêtes locales. Les repas sont renommés et la clientèle vient parfois de loin.

La Maison Toupillier, rue Poissonnière, proche de l'actuel pont du RER. Plus de 200 personnes travaillent dans les métiers de la blanchisserie au début du XXe siècle. On lave au baquet avec un battoir et le séchage se fait soit en plein air, soit dans des hangars les jours de mauvais temps. Il faut beaucoup d'application dans les ateliers de repassage pour rendre jolis les froufrous et les dentelles des vêtements de cette époque. Les repasseuses sont aussi appelées lingères.

Les nombreux commerçants de ce nouveau quartier se regroupent en associations. Certains sont prêts à revendiquer l'indépendance. Mais on s'y amuse aussi. La Commune libre des Grésillons est une de ces associations qui participent aux fêtes qui sont organisées.

En 1899 est fondée une société « bigophonique » : les Sans soucis grésillonnais, dont les protagonistes jouent d'un instrument qu'on appelle le bigophone, sorte de mirliton en zinc. Cette troupe musicale burlesque et humoristique accompagne les fêtes du quartier. Vingt-cinq ans plus tard, on les retrouve sous le nom des Rigolos de Gennevilliers. Ils se déplacent dans la ville sur une sorte de char, puis dans un vieil autocar de tourisme parisien.

Certains des regroupements de commerçants comptent dans leurs rangs des Asniérois. Toutes ces associations se retrouvent dans les rues et organisent diverses animations. La fête du printemps qui dure environ une semaine en est un exemple.

Dans les années 1920 à 1930, en raison du développement industriel, il y a un fort accroissement de la population ouvrière et un afflux de travailleurs immigrés, notamment nord africains. On construit beaucoup de logements, mais le nombre reste insuffisant face à l'augmentation démographique. En 1925 commence la construction de deux grands immeubles d'un peu plus de deux cents logements, au numéro 74 de la rue de l'Arbre Sec (rue Paul Vaillant-Couturier), où on compte un grand nombre d'enfants, d'ouvriers principalement.

L'école maternelle est située rue des Ecoles prolongée (rue du 19 Mars 1962). Dans les années 1930, les Grésillons continuent d'accueillir une population de plus en plus nombreuse. Le groupe scolaire est alors agrandi, on construit un bureau de poste et une église.

A l'occasion d'une fête religieuse, un autel est dressé devant l'école Saint-Jean des Grésillons. Chaque petite fille habillée de blanc porte un panier rempli de pétales de fleurs qu'elle jette tout au long de la procession.

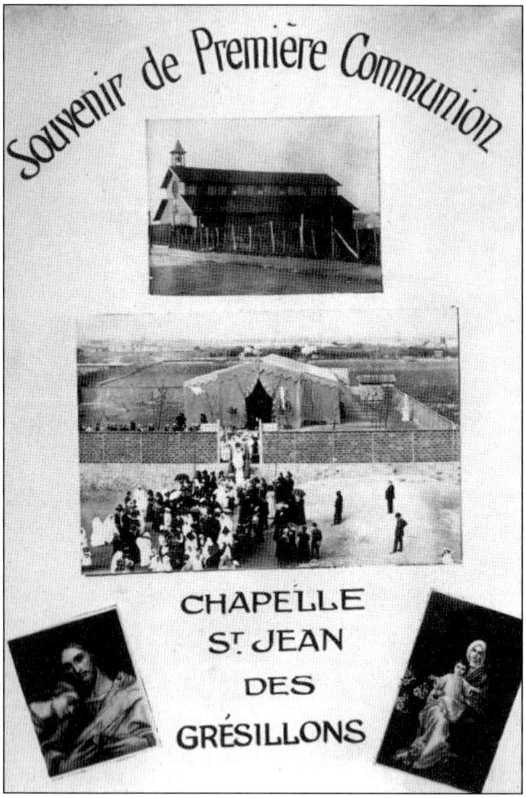

L'église Saint-Jean des Grésillons, vaste nef rectangulaire couverte de coupoles, est édifiée à la place de cette chapelle Saint-Jean qui a été détruite et remplacée provisoirement par une tente.
Le patronage de la paroisse est, en ce début de XXe siècle, le seul regroupement culturel et sportif existant. L'abbé Morice, vicaire de la paroisse, est très dynamique et l'on peut pratiquer à peu de frais le tennis, l'escrime, le base-ball et des disciplines plus courantes comme la gymnastique ou le football. L'Union sportive gennevilloise est formée essentiellement d'anciens du patronage de Saint-Jean.

La communion des garçons en 1917 au patronage Saint-Jean des Grésillons (fondé en 1907), en compagnie de messieurs les abbés Larmonier et Morice, de monsieur Defrance, musicien à la Garde républicaine dirigeant d'ailleurs les tambours et les clairons de la Clique des Grésillons, et de mesdames Jaubert et Dangles.

IV
La Cité Jardins

Le début de la construction des habitations à bon marché (HBM) de la Cité Jardins date de 1923. Dessinées par les architectes Ernest-Félix Hébrard et Félix Dumail et inspirées des modèles anglais, elles sont une réussite de ce type de logements sociaux du début du XXe siècle. Elles occupent, avec les immeubles construits quelques années plus tard, la superficie de l'ancien parc du château, augmentée de quelques autres terrains également rachetés par la ville.

Gérée à l'origine par l'association des habitants du quartier, la salle des fêtes construite par Georges Cahen est ensuite dirigée par l'UFFA (Union des foyers franco-américains), appendice d'une société franco-américaine YMCA (Young men christian association)… Ses activités en faveur des enfants et des adolescents se développent alors. Puis en 1935 elle devient Maison pour tous et joue un rôle pionnier considérable dans la vie associative et culturelle de la ville.

Non loin de la petite place se situe le début de la rue Chevreul où l'on remarque les commerçants qui existent encore de nos jours. Cette rue est à l'emplacement de la bordure de l'ancien parc du maréchal-duc de Richelieu que l'on a appelé aussi le parc à Révérand, nom de son dernier propriétaire.

Dans cette partie de la rue Chevreul qui va vers la rue du Pont d'Argenteuil, les habitants regardent le photographe du pas de leurs portes. Les arbres sont encore petits et il n'existe pas encore de clôtures, ni de haies devant les maisons.

Sur le modèle de l'urbaniste anglais Ebenezer Howard, la Cité Jardins devait avoir ses propres commerces, ses équipements sociaux, ses écoles, ses centres de loisirs…

Les immeubles de cette cité datent des années 1930. Cette petite place du docteur Roux, disciple de Pasteur, existe toujours et l'arrêt de bus également. Les arbres sont beaucoup plus hauts. Sur la droite, se trouve la rue Jean Jaurès où l'on distingue la suite des immeubles de la cité, situés juste en face de la société le Carbone-Lorraine.

Le début de la place où se situe aujourd'hui le parc René Sévi. Sous les arcades que l'on distingue sur la gauche, se trouvent quelques boutiques.

Les écoles qui constituent le groupe Pasteur, construites en 1930, sont entre les rues Carnot et Félix Faure, toutes deux perpendiculaires à la rue de Paris (rue Jean Jaurès). Le bout de cette rue Richelieu débouche sur la rue de Bois-Colombes (rue Louis Calmel) où plus tard a été construit le conservatoire de musique. Ce groupe scolaire est alors exclusivement réservé aux résidents des habitations de l'Office départemental.

Cette cité devait pouvoir subvenir à tous les besoins liés à la vie quotidienne de la population. Il était donc indispensable qu'elle ait sur place un centre de puériculture moderne. Le foyer se trouvait rue Richelieu. De nos jours, ces bâtiments abritent une crèche.

Les arbres poussent et les voitures automobiles commencent à apparaître... La rue des Chevrins suit le fossé qui entourait le parc du château. Elle épouse en son centre, un peu plus loin que ce que nous voyons ici, la courbe centrale des anciennes douves.

Les rues et les maisons sont construites sur des remblais de façon à ne pas être trop facilement atteintes par les crues du fleuve. On a planté des arbustes et dressé des clôtures. Chaque maison avait la possibilité de faire un jardin potager et de planter quelques arbres fruitiers. Nous sommes ici face à la rue Ampère non loin de la Maison pour tous.

Créée en 1935, après la résiliation du bail avec la Société des foyers de l'union franco-américaine, la Maison pour tous est gérée par le centre de loisirs de Gennevilliers, dont le président est le maire Jean Grandel. De nombreuses activités sont créées : cours de dessin industriel, de chaudronnerie, de sténodactylo ou d'anglais, mais aussi de musique ou de cuisine. Des cours de solfège, de piano, de violon et de violoncelle sont dispensés dans le cadre de la nouvelle école de musique qui dispose de deux salles au premier étage de ce bâtiment. Le cinéma *Jean Vigo* est aujourd'hui l'hôte principal de ces lieux.

L'association des chefs de famille de la Cité Jardins tenait ses réunions à la Maison pour tous. Les adultes venaient y chanter, mais cette amicale organisait aussi des fêtes, des sorties... Derrière les enfants de la chorale, le haut grillage marquait l'emplacement où se tenait le patronage.

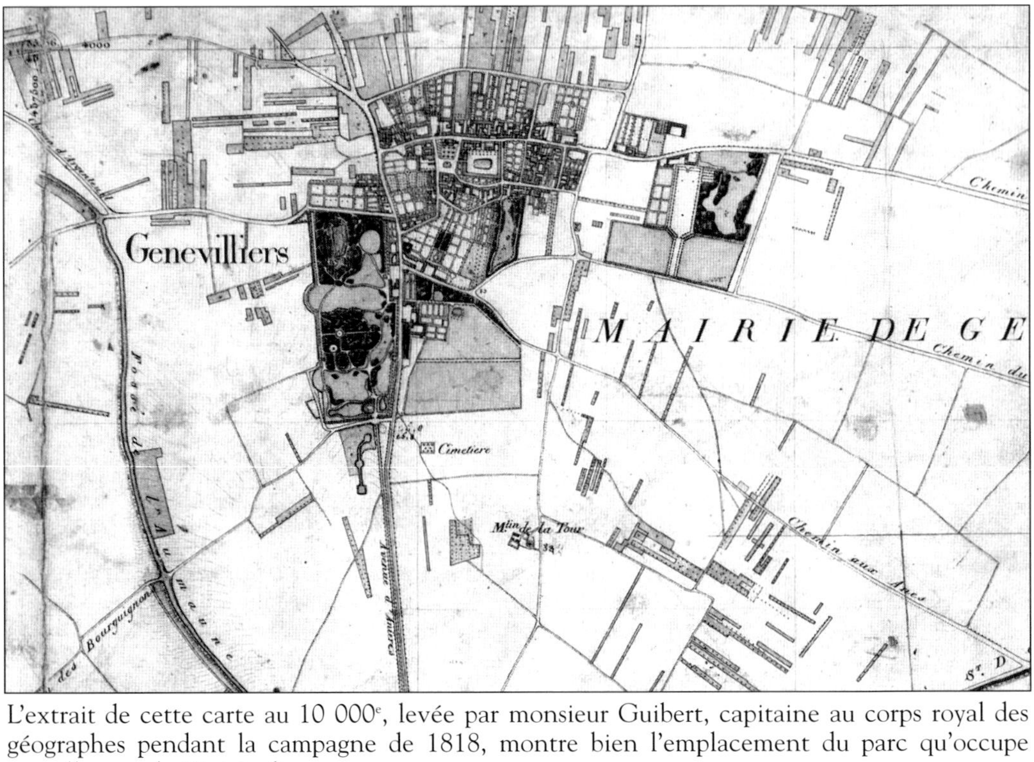

L'extrait de cette carte au 10 000e, levée par monsieur Guibert, capitaine au corps royal des géographes pendant la campagne de 1818, montre bien l'emplacement du parc qu'occupe actuellement la Cité Jardins.

V

Rues et avenues

Dans les environs de l'actuel parc des Chanteraines se trouvaient ces habitations en bois qui, malgré leur côté modeste, déployaient des trésors d'originalité et d'astuce quant à leur architecture et à leur construction. L'urbanisme n'avait pas d'importance pour les habitants de ces maisons et ils bâtissaient leurs abris où bon leur semblait. On retrouve la même liberté d'implantation dans le quartier de ce qui est maintenant le centre commercial et administratif.

Tout près de la place Voltaire, la rue de Paris (avenue Gabriel Péri) vers 1925. A gauche, on aperçoit le dépôt de tramways à peu près à l'endroit où se situe aujourd'hui le dépôt des autobus de la RATP. A droite, le restaurant Lecoq, aujourd'hui disparu, était renommé pour ses banquets, ses grands repas de noces, sa bonne cuisine et la qualité de son service.

Nous sommes ici à l'angle de la rue de Paris, au début de la rue du Moulin de la Tour (avenue Henri Barbusse). C'est là, sur la droite de cette photo, qu'a été construite en 1914 l'usine des roulements à billes DWF. Après la Première Guerre mondiale, elle a été absorbée par la compagnie d'application mécanique, la SKF. Des années plus tard, trois grands immeubles ont été érigés à sa place, juste en face de l'actuelle gare routière.

Nous continuons sur l'avenue de Paris (avenue Gabriel Péri) et nous voyons sur la gauche les anciens abattoirs. Il reste une petite partie de cette construction devenue commerce, juste avant la rue Basly qui, sur cette photo, n'est pas encore tracée. Cette rue marque maintenant la frontière avec Asnières. Si les abattoirs existaient encore, ils se trouveraient sur cette commune, la délimitation intercommunale ayant été modifiée par arrêté préfectoral en 1928.

La décision de prolonger la rue Basly jusqu'à l'avenue de Paris date de 1929. Les immeubles de ce cliché sont côté Gennevilliers et datent des années 1930. On peut remarquer qu'il y a aussi beaucoup de commerçants dans cette partie de la ville. Au bout de la rue, qui porte le nom d'un notable de la fin du XIXe siècle ayant présidé une association de pompiers bénévoles, se situe le Fossé de l'Aumône (actuellement rue des Bas et boulevard Pierre de Coubertin).

Deux photos prises un peu plus loin dans la rue de Paris (avenue Gabriel Péri) et à peu près du même endroit. Sur la gauche l'hôtel de l'Aubrac, un café et un réparateur de cycles. Cette partie jusqu'au milieu du XIXe siècle a toujours été pauvre et peu habitée ; ce lieu resté très marécageux ne permettait que la récolte des joncs et des roseaux. C'est là que se sont implantés, dans le troisième tiers du XXe siècle, la salle des fêtes et le nouveau centre administratif, culturel et commercial. De l'autre côté du carrefour avec la rue de Bois-Colombes (avenue Louis Calmel), on distingue les arbres du parc du château qui dès les années 1930 a fait place aux immeubles de la Cité Jardins, que l'on voit sur la photo du bas et qui donnent sur l'autre partie de la rue de Paris, celle qui s'appelle aujourd'hui Jean Jaurès.

Ce cimetière de l'avenue de Paris (avenue Gabriel Péri), qui remplace celui qui se trouvait sur la place de la Mairie (place Jean Grandel), à côté de l'église, date de 1816. Il est à son tour déplacé à partir de 1986. L'ensemble des tombes est transporté dans le nouveau cimetière qui est situé aujourd'hui au bout de la rue de la Paix, rue Villebois-Mareuil. Lors de la crue de 1910, il est complètement submergé par les eaux de la Seine.

Avant 1907, c'est-à-dire avant l'implantation du chemin de fer, il n'existait presque pas de maisons sur ce grand boulevard Circulaire, aujourd'hui boulevard Camélinat qui s'arrête au croisement avec l'autoroute A 15 pour devenir ensuite l'avenue Marcel Paul, là où il s'appelait avenue du Pont d'Epinay. L'installation de l'usine à gaz en 1904 est déterminante dans l'urbanisation et la construction le long de cet axe. Du côté de l'usine sont élevées de grandes maisons pour les ingénieurs de l'ECFM. Elles existent encore de nos jours. De l'autre côté de l'avenue s'ouvrent, à côté de Chez Maurice, des cafés-restaurants et meublés. Cette avenue se prolonge en chemin ouvert et désert qui traverse la campagne pour déboucher sur Epinay.

Cet important carrefour que l'on appelle le Rond-Point Croix des Vignes se situe au croisement du boulevard Circulaire, prolongé par l'avenue du Pont d'Epinay, avec la rue Croix des Vignes (aujourd'hui rue Jules Larose) et la rue des Collines. C'est de ce carrefour que partait le dimanche, aux beaux jours, une course cycliste. La partie de l'avenue où sont les arbres a été coupée et longe maintenant la rue Laurent Cely, le long de la partie couverte de l'autoroute A 15 au-delà de laquelle s'étend l'actuel parc des Sévines. C'est un quartier où les terrains sont encore couverts de vignes à la fin du XIXe siècle.

Le boulevard Circulaire n'a pas échappé aux dégâts causés par la crue de la Seine en 1910. Sur le côté opposé c'est le domaine des Bignon qui n'a pas encore été cédé au Carbone. C'est ici le croisement avec la rue Deslandes qui rejoint l'avenue de Paris (Jean Jaurès) d'un côté. L'autre extrémité de la rue s'appelle aujourd'hui Croix des Vignes et rejoint la rue du Moulin de la Tour (Henri Barbusse).

Aux Quatre Chemins, le 28 janvier 1910, tout le monde porte un chapeau, mais personne n'a de bottes et les sabots flottent… Une passerelle est improvisée avenue du Pont de Saint-Ouen (avenue Louis Roche) devant le restaurant La Bourgogne, comme partout dans la ville ce matin-là. On consolide les digues, on évacue les habitants. La situation devient grave partout ; on ne peut plus nourrir les animaux réfugiés sur les buttes du parc Richelieu, l'école n'ouvre pas ses classes… Il faut attendre encore deux jours pour que la décrue s'amorce.

Deux cafés : la Maison Leclerc, qui porte l'enseigne d'hôtel de la Gare, et la Maison Beaufremez ou Chez Maurice, proches de l'ancienne gare (éloignée du centre du village et de Villeneuve-la-Garenne). Ce sont les seuls commerces de cette partie de la ville. De l'avenue de la Gare, il ne reste de nos jours que la partie située dans le village.

Par endroits, le paysage a changé avec la construction du chemin de fer. Il passe ici sur un pont qui enjambe l'avenue du Pont d'Epinay. La même construction métallique rivetée passe aussi avenue du Pont de Saint-Ouen (avenue Louis Roche). Tous les deux ont gardé le même aspect.

On aperçoit, sur la droite de cette belle avenue du Pont d'Epinay plantée d'arbres (avenue Marcel Paul), les maisons construites spécialement pour les ingénieurs de l'usine à gaz.

L'usine à gaz a dû cesser ses activités pendant les inondations de 1910. L'avenue du Pont d'Epinay est vue dans le sens opposé à celui du cliché de la page précédente. Sur la droite, donc face aux maisons des ingénieurs, quelques constructions pour les ouvriers et aussi un hôtel meublé. Il faut des jours pour que les routes redeviennent praticables après la décrue, tellement le fleuve a charrié de boues. Il faudra désinfecter les caves, nettoyer toute la ville, assainir les puits, venir en aide à ceux qui n'ont plus de maisons…

Au tout début du XXe siècle, les livraisons se font grâce à ces charrettes. Il y a beaucoup de commerçants et de marchands de vins, mais seul ce café-tabac au coin de la rue des Petits Marais et de l'avenue du Pont d'Epinay (avenue Marcel Paul) existait avant la construction de la centrale gazière. Puis sont apparus d'autres cafés, des hôtels, des restaurants et des immeubles collectifs.

La rue des Agnettes est une impasse au début du XXe siècle. C'est le seul café de la rue dont le quartier a complètement été transformé dans les années 1970. Le nouveau quartier des Agnettes est de nos jours très animé.

L'étroite bande de terre où sont perchés les gens est le sommet d'un talus qui fait environ 1,25 m de haut. Nous sommes ici à proximité de l'actuel boulevard de Coubertin. Ces talus appelés noues quadrillaient les champs d'épandage et permettaient aux cultivateurs de circuler d'un point à un autre lorsqu'ils devaient ouvrir les vannes pour fertiliser les terres. Après l'inondation, il était dangereux pendant plusieurs jours de se rendre aux champs en raison des risques d'enlisement.

Au carrefour de la rue du Pont d'Argenteuil et de la rue de Paris (rue Jean Jaurès), on aperçoit sur la droite la villa des *Fleurs* qui, à cette époque, était fermée par une grille. On distingue au sol les différents rails du tramway électrifié qui a remplacé le *Serpollet* à vapeur dès 1900, lors de l'exposition universelle. C'est la ligne Madeleine-Gennevilliers. La voie est unique mais de loin en loin elle est doublée pour permettre aux tramways de se croiser.

La rue de Paris prolongée (rue Eugène Varlin) fait suite effectivement à la rue Jean Jaurès. Ici pendant la crue de 1910, sur la gauche, le terminus du tramway allant jusqu'à la Madeleine en passant par la place Voltaire est encore visible bien que temporairement inutile.

L'avenue de Colombes (avenue Lucien Lanternier) est ouverte au milieu du XIXe siècle. Les grands arbres sont abattus avant la Seconde Guerre mondiale. Le tramway que l'on voit est celui de la ligne 66. Le mur sur la droite est celui d'une propriété des Manet qui est devenue le presbytère. Il est agrandi quelques années plus tard pour laisser place à une école privée. Le cantonnier profite du passage du photographe pour faire une petite pose bien méritée !

Nous sommes un peu plus loin dans l'avenue de Colombes (avenue Lucien Lanternier). C'est dans cette avenue, non loin du Fossé de l'Aumône, que l'une des dernières vignes, appartenant à la famille Compoint, a subsisté jusque dans les années 1950.

VI
Passé agricole

Gennevilliers a gardé sa vocation agricole plus longtemps que les communes voisines en raison de son implantation et du retard pris dans l'aménagement des moyens de communication de la presqu'île. Derrière les jardiniers qui posent ici, on voit un réservoir d'eau de pluie. Très typique à cette époque, située parfois sur le toit des maisons, cette réserve rend possible l'arrosage, voire l'irrigation des jardins et des champs. Au sol, on remarque les rails qui permettent d'acheminer les engrais dans des wagonnets.

La mise en place du système d'épandage des eaux usées de Paris implique l'installation d'un réseau de canaux, de vannes, de drains couvrant petit à petit toute la plaine et permettant ainsi la culture florissante de nombreux légumes qui ont fait la renommée de Gennevilliers et la richesse de quelques cultivateurs de la fin du XIXe siècle jusqu'au milieu du XXe siècle. Le système d'irrigation par les eaux d'égouts, mis au point par les ingénieurs de la ville de Paris et plus particulièrement par Alfred Durand-Claye, a permis de régler le problème de l'épuration des eaux usées de la capitale, d'assainir la ville et de mettre fin aux épidémies occasionnées par la pollution des eaux rejetées par les égouts. Les deux gravures sont tirées de la revue *la Nature* du 8 novembre 1873 (BHVP).

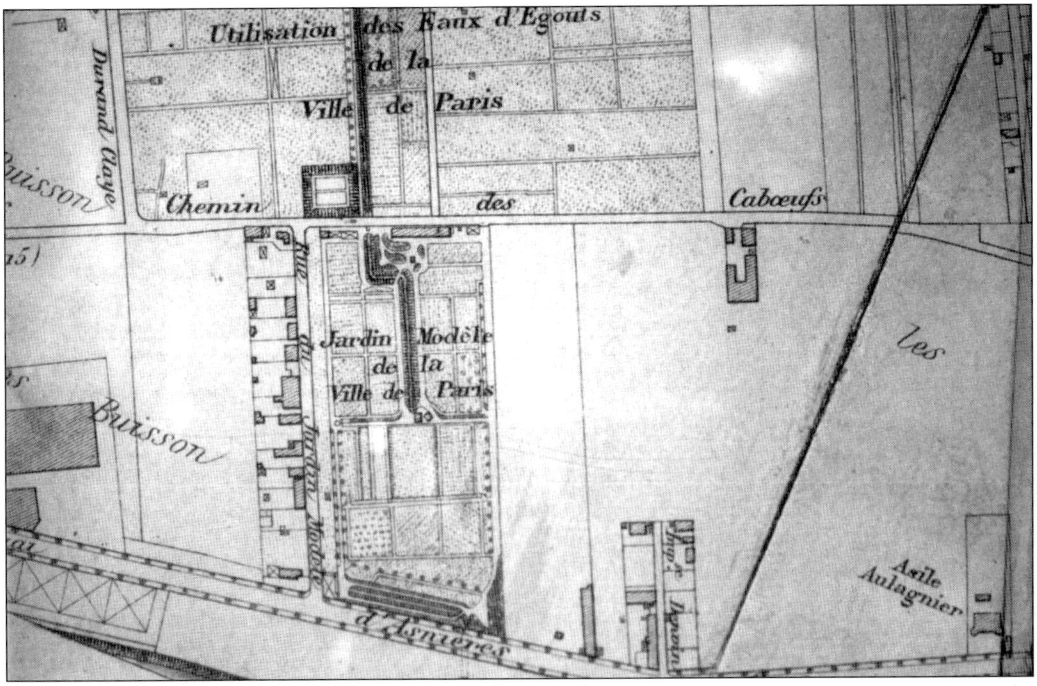

Il a fallu quelques années pour que la pose des nombreuses canalisations soit autorisée par la municipalité. En 1868, la ville de Paris a acquis un terrain de 6 hectares aux Grésillons, côté Asnières, vers l'actuelle rue Boudou. Dans le but de persuader les cultivateurs de la presqu'île du bien fondé de l'implantation du système d'épandage, les ingénieurs chargés de l'opération ont aménagé un « jardin modèle ». Une partie de l'eau d'égout est traitée et filtrée, alimentant une jolie rivière artificielle au milieu d'un parc idyllique.

Les eaux d'égout filtrées, chargées de matières organiques, répandues sur de grandes surfaces de terrain sableux, ont rendu fertiles des terres jusque-là difficiles à cultiver. Les maraîchers ont développé une culture intensive. Sur le parvis de l'église du village, ils sont ici très fiers de présenter leur production de légumes et de primeurs.

Avant l'implantation du système d'épandage, qui n'a pas fait l'unanimité immédiatement, on trouve surtout à Gennevilliers, tout autour du village, des cultivateurs traditionnels qui, de génération en génération, ont travaillé leurs terres réservées principalement aux cultures fourragères et céréalières. Ils utilisaient comme engrais les boues et le fumier. La ferme de la famille Pigeon que l'on voit ici se situe rue Saint-Denis (rue Pierre Timbaud).

Cette ferme est située au bout de la rue des Petites Murailles, tout près de la rue Justin. Dans cette famille de paysans, même les chevaux et les animaux semblent contents de poser pour la photo. On remarque la charrette à un seul essieu.

Cette très grande ferme fait face au château de l'Horloge. Ils sont tous deux la propriété de la famille Bignon et occupent le terrain situé devant le château de Richelieu, compris entre la rue de Paris (rue Jean Jaurès) et le boulevard circulaire (boulevard Camélinat). Il a été vendu quelques années plus tard pour faire place à la société le Carbone. Sur ces terrains, il y a aussi des vignes.

Au milieu de la nuit, les maraîchers se rendent à Paris en passant par la place Voltaire. Leurs gros chevaux de trait sont attelés aux charrettes surchargées de leurs productions, qu'ils vont vendre aux Halles de Paris très tôt le matin. Louis Decaux et ses collaborateurs posent pour une photo souvenir des Halles centrales de 1907.

Rue de Bois-Colombes (rue Louis Calmel), sur un terrain qui s'étend de la rue de la Couture d'Auxerre à l'actuelle rue Robert Pottier, de très nombreuses serres abritent une grande variété de fleurs et de plantes. Ici la production de monsieur Serveau (horticulteur) alimente le marché parisien ainsi que quelques parfumeurs.

Au début du XXe siècle, les chevaux sont nombreux à Gennevilliers. Ils servent aux travaux des champs mais également aux différents déplacements, notamment pour les livraisons à travers la ville, la plaine, allant même jusqu'à Paris, d'où l'existence de plusieurs maréchaux-ferrants dans la ville. Il en reste sept en 1922, cinq en 1930. Le nombre ne cesse de diminuer avec la mécanisation au profit du commerce et de l'artisanat.

Sous ces cloches de verre, fabriquées en grande quantité et soufflées à la bouche dès le XVIIe siècle, utilisées par les jardiniers, poussent de magnifiques salades. Peintes en outre par Gustave Caillebotte en 1875, elles sont devenues célèbres. Lorsque l'organisation du réseau d'épandage est terminée, il couvre à peu près 750 hectares de terres, c'est-à-dire un peu plus de la moitié des 1 250 consacrés à l'agriculture. La différence est consacrée à la culture traditionnelle.

Situé rue du Pont d'Argenteuil, anciennement chemin de Colombes avant que la rue de Colombes, devenue avenue Lanternier, ne soit ouverte, ce grand domaine était la ferme de la famille Gaussier. En 1888, monsieur Gaussier était, avec monsieur Royer, délégué du syndicat des cultivateurs de Gennevilliers.

L'abreuvoir marque la fin du village. Situé face à l'actuelle rue Villebois-Mareuil qui, jusqu'en 1900, s'est d'ailleurs appelée rue de l'Abreuvoir. Au-delà de celui-ci il n'y avait plus que des champs et la plaine (futur emplacement du quartier du Luth à partir des années 1960). Au loin, on pouvait voir les coteaux d'Argenteuil. Au centre de l'abreuvoir, un chemin spécial permettait au charretier de mener son cheval dans l'eau jusqu'au poitrail. Sur la droite, le gros tas de pavés est un dépôt des Ponts et Chaussées.

Les poireaux de Gennevilliers ont une solide réputation. On en produit environ 60 000 kg à l'hectare, d'après un rapport fourni par une commission chargée, en 1874 par le ministre de l'Agriculture, de décerner des récompenses aux cultivateurs de la plaine. Encore faut-il les mettre en bottes avant d'aller les exposer pour les vendre aux Halles de Paris !

Les maraîchers mettent en bottes et préparent les oignons et les poireaux pour le repiquage. Ils prennent leurs repas sur place. Ci-dessous, avenue du Pont de Saint-Denis (avenue Charles De Gaulle), ils sont assis au bord d'un drain qui, pour l'instant, est à sec mais permet d'amener l'eau fertilisante. Malgré la légende et la renommée du poireau Briffault, les maraîchers et cultivateurs font d'autres récoltes, tels que des choux, des asperges, des pommes de terre, des artichauts, des petits pois...

Après l'abreuvoir, ce chemin d'Epinay faisait suite à l'avenue des Lots Communaux, tout au bout du village, côté nord. Long de plusieurs kilomètres, il rejoignait en ligne droite le chemin des Petits Marais à proximité du pont de chemin de fer d'Ermont (la ligne de Saint-Ouen à Eaubonne alors inexistante). Ce sont des kilomètres de champs et de labours.

Toute la famille est là avec ses chevaux, ses paniers, ses herses, ses charrues, enfin tout l'équipement indispensable au travail des champs.

A Gennevilliers, on trouve mention des vignes dès le XIIIe siècle. Au début du XVIIIe siècle une centaine de paysans environ se déclarent vignerons. La plupart sont situés aux endroits les plus élevés en raison des inondations. On les retrouve souvent vers les lieux-dits Croix des Vignes, les Sévines… Les maraîchers ne cultivent pas seulement les poireaux ; il y a d'immenses champs couverts de choux, de pois, de céleris, d'asperges et d'artichauts. Ces derniers sont cultivés en masse dans la partie de terrain qui est devenue le port. Ceux qui les ramassent portent en général une hotte sur le dos.

La vannerie est très importante car, comme on a pu le remarquer, les paniers sont omniprésents dans ces différentes prises de vues relatant les différentes scènes de la vie et des travaux des champs. Ils étaient fabriqués, exposés et vendus dans les bazars et boutiques du village notamment.

Dans la rue Edmond Darbois, parallèle à la rue Basly actuelle et qui donne en haut de l'avenue de Paris (avenue Gabriel Péri), la Maison Albouze propose du lait chaud matin et soir et des œufs frais du jour. L'élevage est très pratiqué à Gennevilliers. Les vaches sont souvent gardées à l'étable car il y a de moins en moins de prairies pour les laisser en liberté.

Chaque jour, les habitants vont chercher le lait à la ferme. Parfois il est livré à domicile en charrette. Quelques années plus tard, des laiteries se regroupent et les livraisons ne se font plus à cheval mais grâce à ces camionnettes rutilantes.

La production des pommes de terre et de petits pois est aussi très importante. Au début de la rue Aguado toute la famille est réunie devant sa récolte, se préparant sans doute à aller les exposer pour les vendre aux Halles au même titre que les autres légumes.

En 1896, on compte presque 400 personnes inscrites sous la rubrique cultivateur. A la même époque une soixantaine de personnes exercent le métier de « nourrisseurs » (des personnes chargées de s'occuper des vaches, de les soigner et de les nourrir). Le métier croît en même temps que le troupeau augmente jusque dans les années 1910, puis diminue avant de connaître un regain au moment de la Seconde Guerre mondiale. Le dernier « nourrisseur » reste rue du Puisard, jusque dans les années 1960.

La photo est prise avenue de Paris (avenue Gabriel Péri), à l'angle de l'avenue Chandon. A gauche on distingue les murs bas du cimetière et quelques maisons de l'avenue de l'Avenir (rue Georges Thoretton). Les pavillons dans le fond sont ceux du passage Henri Magne, seules constructions à l'époque que l'on doit à un chiffonnier. Habitant rue de l'Avenir, il a la bonne idée d'acheter des terrains peu chers, d'ouvrir un passage entre les rues Chandon et Puits-Guyon et d'y faire construire ces maisons. Il souhaitait développer l'élevage du cochon.

En 1906, la première partie de l'usine à gaz vient d'être construite, provoquant un énorme contraste. Pendant des années le paysage de la vie industrielle va côtoyer le paysage de la vie agricole. Ce cliché en est une extraordinaire représentation.

VII
Vie industrielle

Au-delà du mur de la centrale gazière s'étendent les champs à perte de vue. Après 1907, on commence à construire le long de l'avenue du Pont d'Epinay. Avant d'arriver au pont, on perce le boulevard Dequevauvilliers qui conduit tout droit à Villeneuve-la-Garenne qui à cette époque dépend encore de Gennevilliers puisque c'est en 1929 que ce hameau est institué commune distincte. C'est sur ce boulevard, qui existe encore de nos jours, que sont installés les ateliers où l'on fabrique les produits chimiques extraits du charbon.

Grâce à cette vue aérienne on se rend mieux compte de l'étendue de la société ECFM (Eclairage, chauffage et force motrice). Au tout premier plan, on voit bien les champs qui font contraste avec les énormes gazomètres de la centrale gazière. Derrière eux, ce sont les bâtiments des bureaux et avec une grande cheminée les ateliers de produits chimiques dérivés du charbon. Plus loin, après l'alignement des cheminées, des fours et les ateliers de cokeries, on distingue les maisons des ingénieurs de l'entreprise construites le long de l'avenue d'Epinay bordée d'arbres.

En 1906, d'une hauteur de 48 m, ce gazomètre fonctionne comme une cloche dans une bassine d'eau ; le gaz est enfermé dans la cloche qui est guidée par des galets le long des poutres métalliques verticales. Quand le gazomètre est plein, la calotte de la cloche atteint le haut des poutres. Ce système permet de réguler la pression du gaz qui reste pratiquement constante quel que soit le niveau de remplissage du gazomètre.

L'ECFM, qui est rapidement devenu la plus importante centrale gazière d'Europe, souffre beaucoup des crues de 1910. Littéralement envahie par les eaux, elle doit fermer ses portes et la liste des bulletins de chômage établis à cette occasion est longue. La ligne de chemin de fer, terminée depuis deux années et qui dessert directement l'entreprise, est presque submergée.

Le long de la Seine des quais sont aménagés, constituant un véritable port charbonnier. Six grues, installées sur les bords de ces quais, puisent le charbon (1 500 tonnes par jour) dans les péniches venues de Belgique ou du nord de la France. Elles le mettent ensuite dans les wagons à déversement automatique qui s'acheminent vers l'aire de stockage ou vers les fours et les ateliers de distillation grâce au réseau ferré intérieur aménagé à cet effet.

Après quelques années de fonctionnement, 2 000 ouvriers environ sont employés par l'ECFM. Des associations sportives et de loisirs de l'entreprise s'organisent. La société a aussi sa propre compagnie de pompiers, indépendante de la compagnie des sapeurs-pompiers communaux de la ville de Gennevilliers. En cas de sinistre grave, ils s'entraident volontiers. On remarque le véhicule à vapeur (en haut de la page) et les roues en bois de ces deux camions.

Les pompiers s'entraînent de façon intensive, soit dans une grande salle d'un bâtiment spécialement aménagé et réservé au sport, à la gymnastique, aux fêtes et aux cérémonies, soit comme ici au stade.

Les ouvriers devant l'entrée de l'ECFM, avenue du Pont d'Epinay. Beaucoup d'entre eux viennent de Paris, d'autres sont originaires de Lyon ; un grand nombre vient de Belgique.

On distingue très bien la déclinaison du sigle que l'on a coutume de rencontrer : Eclairage, chauffage et force motrice. Lorsque le gaz issu du charbon est remplacé par le gaz de Lacq, la quasi-totalité des ouvriers est partie. Le terrain, quelque peu désert, appartient maintenant au Gaz de France.

A côté des grandes industries, quelques-unes plus petites font vivre des artisans et des fabricants. Ainsi parmi les boutonniers, les gantiers, les fondeurs de graisses et autres métiers inattendus, la fabrication du cirage Ric et Rac demeure un exemple spécifique.

Ci-dessus l'entrée de l'usine Chenard et Walcker construite en 1906, en bordure de la rue du Moulin de la Tour (rue Henri Barbusse) et de l'avenue Chandon. Après avoir fondé une entreprise de fabrication de bicyclettes, Ernest Chenard conçoit avec Henri Walcker un cyclomoteur à trois roues dont deux, situées à l'avant, sont motrices. Cet engin peut transporter deux personnes. Puis il décide de s'orienter vers la construction automobile et en 1900 il présente sa première voiture à transmission à courroie et, l'année suivante, un modèle à transmission par engrenage. L'affiche montre, outre ce très beau modèle de berline, l'étendue du terrain de l'usine.

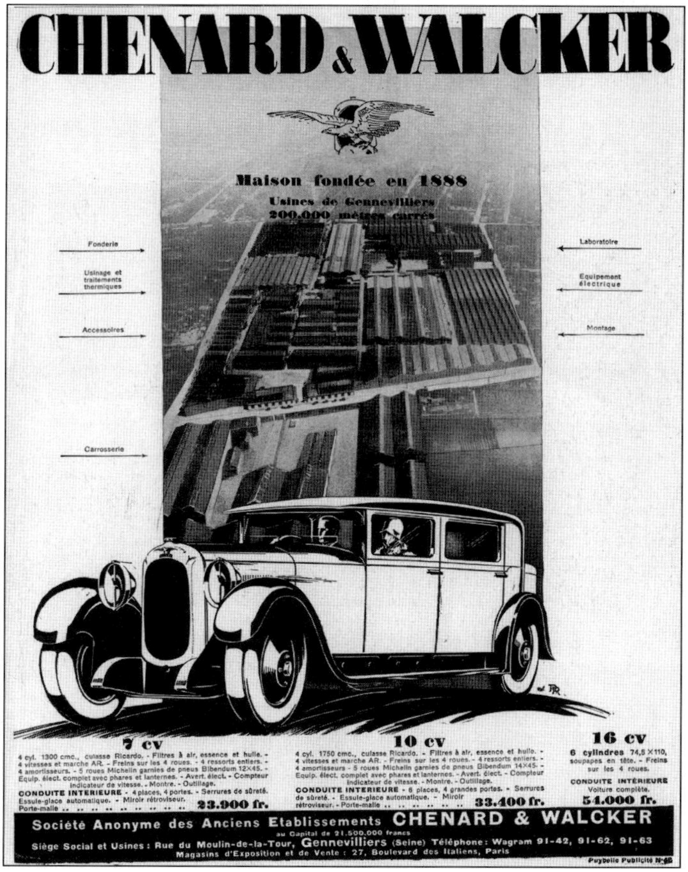

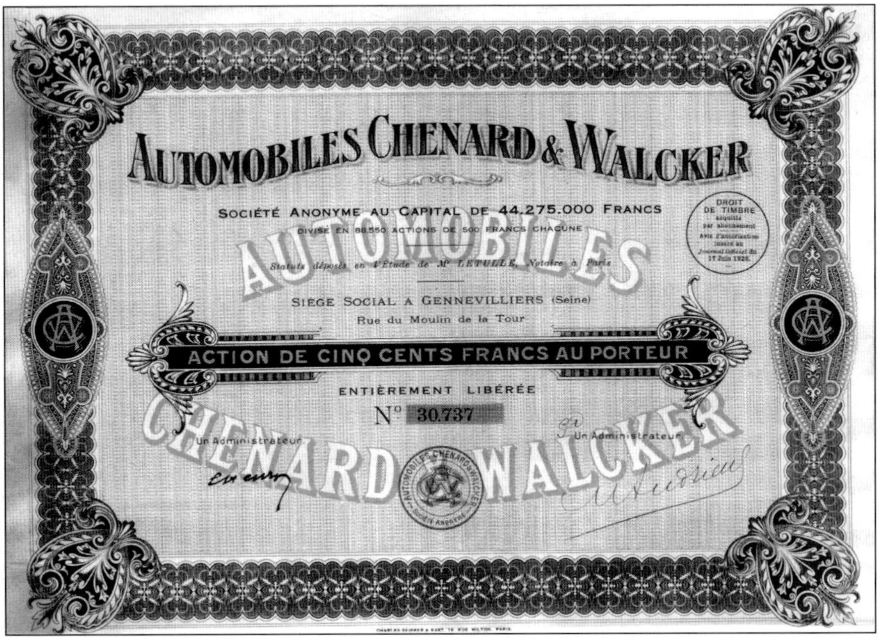

Les carrosseries profilées conçues par Ernest Chenard ont un énorme succès qui ne cesse de croître, même après son décès (1922), jusqu'à atteindre son apogée en 1930. Les modèles élégants et pratiques sont adaptés aux besoins et la société est cotée en bourse. On se souvient de la renommée de la Torpédo existant en plusieurs versions (tourisme, luxe, grand tourisme, cabriolet, coupé…).

A partir de 1913, la société le Carbone fait construire une usine destinée à la fabrication de graphites artificiels pour des applications électriques, thermiques et mécaniques. Le premier atelier ouvre ses portes en juin 1914. De l'autre côté de la rue, les restes du terrain du château de Richelieu. La partie de ce terrain que l'on aperçoit sur cette carte laisse la place, une dizaine d'années plus tard, aux premières constructions de la Cité Jardins.

Septembre 1914, la Première Guerre mondiale a éclaté il y a tout juste un mois. Les ouvriers sont à l'entrée de leur entreprise, le Carbone. La condition des femmes change par la force des événements. Elles remplacent les hommes aux champs pour les travaux de labours et les charrois et font une entrée massive dans les usines ainsi que dans les transports. C'est au Carbone en premier lieu que les femmes sont embauchées puis chez Chenard et Walcker où elles fabriquent des obus.

En 1916, le Carbone construit un grand atelier consacré à la fabrication du carbone et graphites artificiels. L'extension des usines répond à l'accroissement des besoins de machines-outils. Cet atelier d'usinage de balais pour gros moteurs électriques est un aperçu de la production de cette société à Gennevilliers au début du siècle. D'autres ateliers d'usinage sont équipés pour la production de balais pour appareils ménagers.

La majorité du sable que l'on trouvait dans le sous-sol de Gennevilliers pouvait être utilisée pour la maçonnerie. Cette carrière se trouvait à l'extrémité de l'actuel parc des Sévines. L'entrée pavée se situait à l'angle de la rue des Cabœufs et de l'avenue Laurent Cély. Le sable était stocké dans les cuves de bois. Il s'écoulait dans des tombereaux par un grand entonnoir avant d'être transporté.

Cette carrière était située tout au bout de l'avenue des Grésillons, au numéro 195. En permanence, la drague retirait le sable du fond. Les tombereaux très chargés défonçaient souvent les chemins et les routes de la ville et les salissaient en laissant échapper de l'eau et de la boue épaisse.

Les carrières Couton étaient avenue du Pont de Saint-Ouen. Au fur et à mesure que les carrières étaient exploitées, on remblayait les parties qui avaient déjà été fouillées. Les tombereaux tirés par des chevaux s'approchaient très près du bord et déversaient les gravats. Ces gravats venaient parfois de loin, de Paris mais aussi de banlieues très éloignées.

Cette vue très retouchée se présente un peu comme une reproduction naïve d'un lieu aujourd'hui disparu. Cette usine de conserves alimentaires se trouvait sur le boulevard circulaire d'Epinay.

En 1914, une usine de roulements à bille s'installe sur plusieurs hectares avenue de Paris (avenue Gabriel Péri), à l'emplacement de l'actuel groupe d'immeubles qui fait face à la gare routière et au terminus du métropolitain. Une partie des bâtiments de cette entreprise avant d'être démolie a été aménagée en centre d'accueil pour rapatriés après la Seconde Guerre mondiale et est devenue la maison du Prisonnier et du Déporté. Nous voyons ici l'arrière du bâtiment, rue de la Prairie (rue Louis Castel).

Les brasseries Louis Mignoton sont installées rue du Moulin de la Tour (avenue Henri Barbusse). Elles ont été remplacées par une fabrique de parfums.

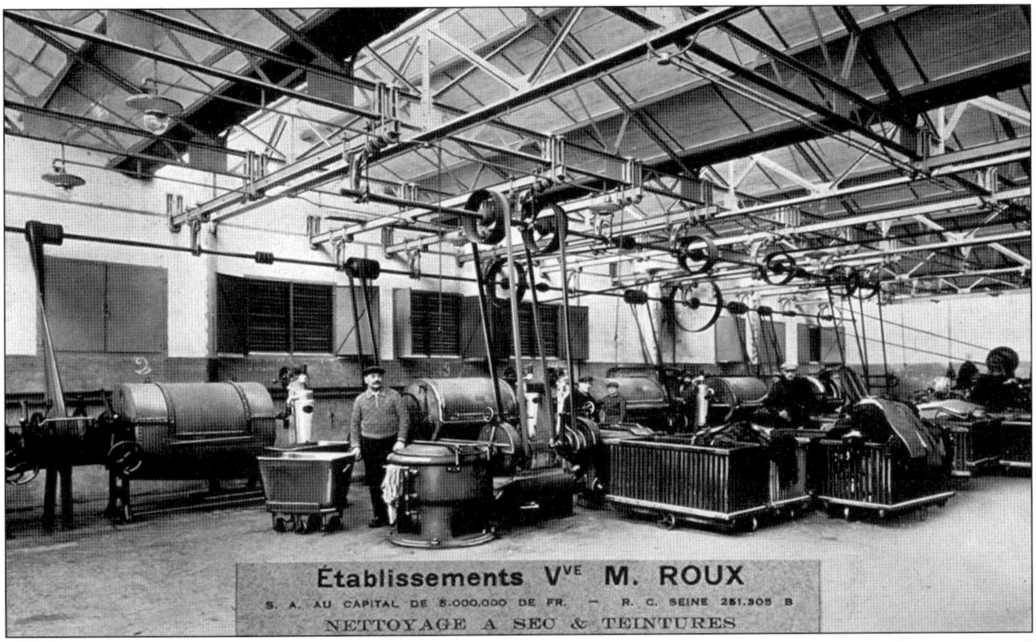

En 1924, une usine de dégraissage s'installe rue de la Prairie devenue rue Hyppolite Marsaud puis Louis Castel. La teinturerie Roux possède plusieurs salles gigantesques où sont entreposées de surprenantes machines qui véhiculent des produits inflammables. L'autre partie des établissements donne sur la rue de l'Arbre Sec (rue Paul Vaillant-Couturier). Le très grand terrain renferme une écurie abritant une centaine de chevaux.

En 1926, les célèbres peintures et vernis de la marque Valentine s'installent, sur quatre hectares, avenue des Grésillons. Tandis que toutes ces entreprises s'implantent, les commerces se multiplient. De nombreux cafés et restaurants, boulangeries, boucheries, épiceries, s'ouvrent ; en revanche, charrons, maréchaux-ferrants, « nourrisseurs » cessent tour à tour leurs activités.

La centrale électrique thermique apparaît en 1919. Construite par l'Union d'électricité, elle devient très vite la plus importante d'Ile-de-France puis de France. Elle fait partie du nouveau programme d'électrification de la région parisienne d'après guerre et couvre jusque dans les années 1930 la majeure partie des besoins en électricité (4 turbos alternateurs de 40 000 kW à sa construction). Elle a été très endommagée lors des bombardements de la Seconde Guerre mondiale.

La société Davum, grossiste en produits métallurgiques industriels, possède un gigantesque pont transbordeur en métal, aujourd'hui disparu, qui prend les produits métallurgiques dans les péniches amarrées aux quais de son port privé. Ces produits sont ensuite placés directement dans les entrepôts.

De 1872 à 1895, le Petit Gennevilliers est la terre d'accueil des impressionnistes, dont Manet, Monet, Sisley, Renoir et surtout Gustave Caillebotte qui y achète une maison. Outre la peinture, il s'y passionne aussi pour son jardin, la philatélie, l'architecture navale… Après sa mort, les pionniers de l'industrie prennent peu à peu possession des berges de la Seine.

A l'extrémité nord-ouest de la presqu'île, les frères Seguin construisent en 1895 un atelier de mécanique dans l'ancienne propriété de Gustave Caillebotte. Dans cet endroit, entourés d'artisans et d'artistes, ils mettent au point deux ans plus tard le moteur rotatif en étoile destiné aux avions, qu'ils baptisent le Gnome. En 1905, l'entreprise prend le même nom. Elle absorbe les usines le Rhône en 1915 pour devenir Gnome et Rhône. Puis, en 1945, elle prend le nom de Snecma (Société nationale d'étude et de construction de moteurs d'aviation).

De haut en bas et de gauche à droite, nous distinguons l'avion d'entraînement Déperdussin (1912), l'avion expérimental Louis Blériot 11bis (1910), l'hydravion expérimental Henri Fabre *Sans queue* (1910), l'avion expérimental *Emile Train* (1910), l'avion expérimental Louis Paulhan *Aéro-torpille tatin Paulhan* (1911). Tous ces avions sont équipés de moteurs Gnome, fabriqués dans l'usine composée d'une dizaine d'ouvriers à l'origine. A peine dix ans plus tard, à bord d'un monoplan Blériot équipé d'un moteur rotatif de 160 chevaux, Léon Morane dépasse les 100 km/h. Après la guerre, la société met au point la fabrication de motocyclettes tout en continuant son activité de forge et de fonderie.

Les frères Seguin sont les arrière-petits-neveux des frères Montgolfier et les neveux de Marc Seguin, inventeur entre autres des ponts suspendus. Ils sont les inventeurs du moteur rotatif de 50 chevaux qui va bientôt équiper le biplan Farman. Ci-contre, le marteau-pilon de la marque Eumuco en fonction dans les années 1920.

VIII
Vie quotidienne et sociale

C'est rue de Paris prolongée (rue Eugène Varlin) que se situe le terminus du tramway à traction électrique. En 1900 il a remplacé le tramway à vapeur appelé le *Serpollet*, lequel a déjà succédé au tramway à cheval en 1895. Le *Serpollet* est équipé d'une chaudière à vapeur. Il va jusqu'à la place de la Madeleine à Paris. Le tramway électrifié fonctionne au début grâce à des accumulateurs. Plus moderne, il a son terminus au même endroit. C'est aussi un modèle à impériale.

Le tramway porte le numéro 39. Il va aussi jusqu'à la place de la Madeleine. Son garage a changé de place et est maintenant près de la place Voltaire. De la porte de Clichy à Gennevilliers, son courant est fourni par une ligne aérienne sur laquelle glisse un trolley, impliquant la mise en place sur tout le parcours d'une ligne de câbles, soutenus par des pylônes.

Nous voyons ici l'autre extrémité de cette longue avenue (Gabriel Péri), tout près de la place Voltaire. On distingue très bien les pylônes le long de l'avenue et les rails au sol. A gauche, le restaurant Lancelot où s'est installé plus tard le cinéma est devenu un hammam. A droite, on peut lire sur le mur la publicité pour noces et banquets de la célèbre Maison Lecoq.

Sur la place de la Mairie (place Jean Grandel). La fête la plus importante est celle de la Sainte-Madeleine qui a lieu à la fin de juillet. Elle se tient dans le village et dure une semaine. Des stands de tir sont installés, des forains, des manèges, des marchands de bonbons animent la place et le quartier. Chaque année, un concert est donné par la fanfare municipale où les habitants sont invités à venir nombreux.

Comme chaque année la loterie Lambert Duret est présente à la fête du village. La dame ne semble pas réaliser que ce sont les dernières heures avant la guerre. L'ordre de mobilisation générale est donné pour le 2 août 1914 et, comme tous les autres, elle a dû démonter son stand plus tôt que prévu. La mobilisation laisse évidemment comme ailleurs un grand vide à Gennevilliers.

On voit sur la photo d'en haut une croix rouge dressée sur un pilier du portail de l'ancien château de Richelieu, devenu l'école des garçons. Dès le dimanche 2 août, le conseil municipal se réunit et prend un certain nombre de mesures et notamment celle de transformer le préau et des salles de classe de l'école du Centre en salles de soins pour les blessés légers.

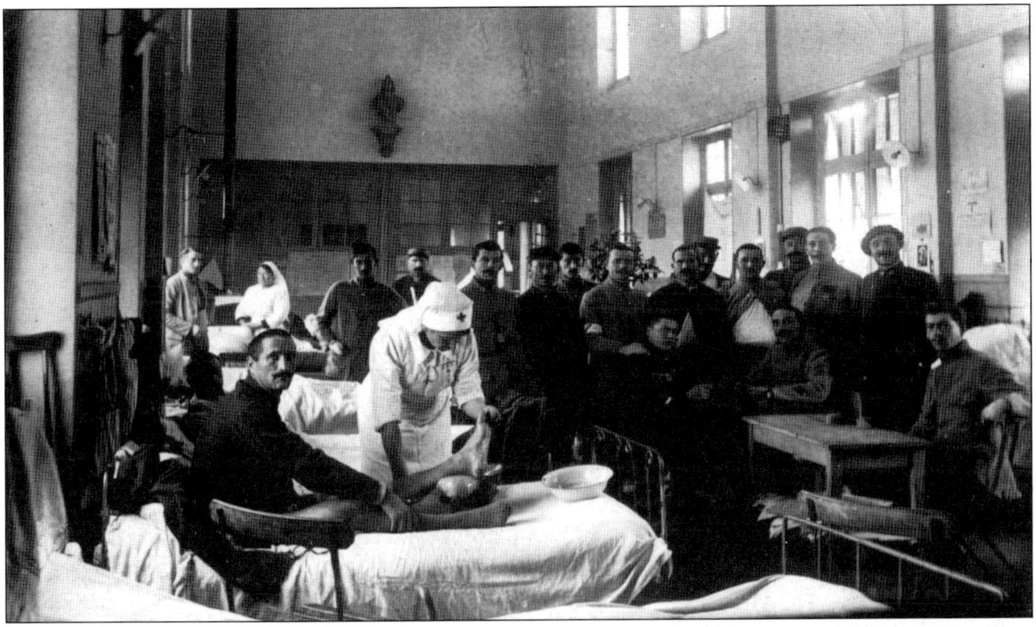

L'école des garçons située dans l'ancien château de Richelieu devient donc rapidement un hôpital militaire et les soins aux blessés sont prodigués par les infirmières du Comité des Dames de France, à l'origine de cette décision. Un autre accueil hospitalier est aménagé dans la propriété appartenant à monsieur Révérand, face à l'actuelle école maternelle de la rue Pasteur.

Les sociétés des secours et d'entraide sont nombreuses à Gennevilliers. Sur cette photo, toute l'équipe de la section de Gennevilliers de la Société parisienne de sauvetage est réunie devant l'église du village. Elle secourt des victimes de tous accidents comme l'indique sa devise.

L'Union des sapeurs-pompiers de la Seine a été instituée par un arrêté préfectoral en 1877 dont le règlement s'est beaucoup inspiré de la vie militaire. Dès qu'un sinistre était signalé, un clairon parcourait la ville pour appeler ses collègues. Souvent, ils allaient prêter main-forte aux collègues des villes voisines en cas de grand sinistre. Parfois l'intervention des pompiers de l'usine à gaz était nécessaire. Leur matériel était encore très sommaire. Les pompiers communaux avaient un rôle important dans l'animation de la ville. Tous les ans il y avait une grande fête pour la Sainte-Barbe, patronne des pompiers, avec banquet et bal. En 1921, la construction d'une remise rue Amélie a été décidée et, en 1924, une sirène avertissant des sinistres a remplacé le clairon.

RÉPUBLIQUE FRANÇAISE

Liberté — Égalité — Fraternité

MAIRIE DE GENNEVILLIERS

AVIS IMPORTANT

Conformément aux instructions de M. le Préfet de Police, le Maire de Gennevilliers a l'honneur d'inviter les Habitants à **FAIRE BOUILLIR L'EAU** *dont ils se servent pour l'ALIMENTATION.*

Il leur rappelle que cette mesure est la seule qui donne toute garantie contre **le bacille de la fièvre typhoïde,** que l'eau peut contenir.

Gennevilliers, le 4 Janvier 1906.

Le Maire,

J. ADDENET, o. ✱

La municipalité est très active en matière de prévention : on peut le constater grâce aux nombreuses affiches collées sur les murs dans la ville. Ainsi cette invitation, datant de 1906, à faire bouillir l'eau servant à l'alimentation pour lutter contre une éventuelle épidémie de fièvre typhoïde.

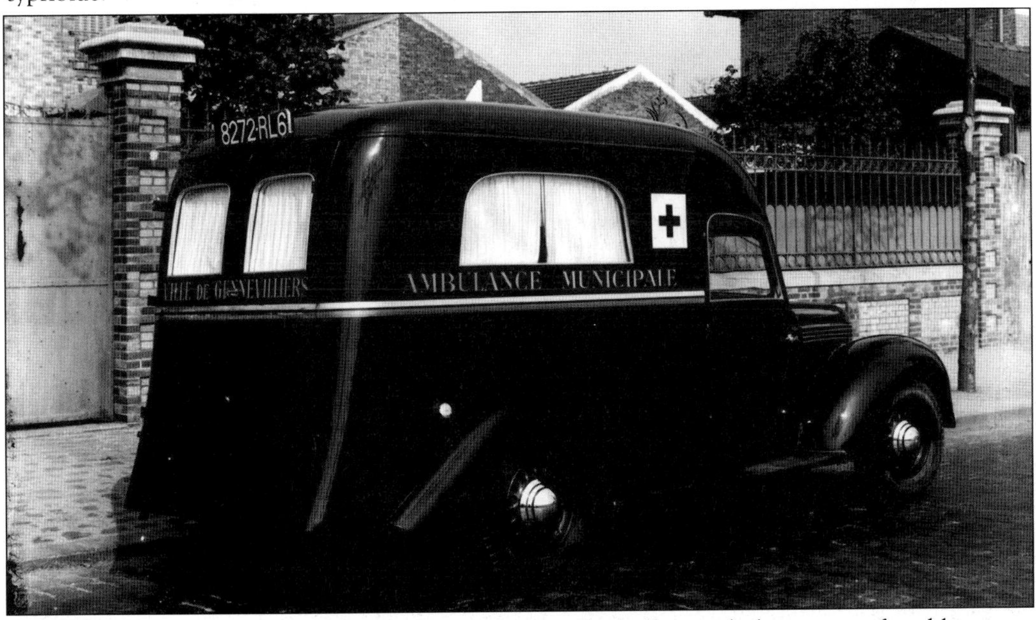

Entre les deux guerres, la municipalité s'équipe de belles ambulances confortables pour transporter les blessés. Parmi les associations de secours, les Humanitaires sont les ambulanciers. Il y a aussi les Amis de l'enfance, la Société de secours mutuel, la Société scolaire de secours mutuel…

Place Voltaire, le café le Cyclone porte ce nom en raison d'un événement météorologique qui, le 18 juin 1897, a fait de terribles ravages en très peu de temps : une gigantesque tornade a suivi une trajectoire bien précise et, en plein milieu de l'après-midi, le ciel s'est assombri, le vent s'est mis à souffler à 120 km/h, de la Garenne-Colombes à l'île de Vannes en passant par la place Voltaire et Saint-Ouen. Les cultures et les arbres arrachés, les toitures envolées, les vitres brisées, certaines maisons éventrées… constituent un lourd bilan matériel.

Il n'y a pratiquement que des messieurs à la terrasse de ce café-tabac de la rue Saint-Denis (rue Pierre Timbaud). Dans le fond, l'église Sainte-Marie-Madeleine. Le nombre de boutiques d'alimentation, de cafés et d'hôtels ne cesse d'augmenter entre la fin du XIXe et le début du XXe siècle.

Conseil de révision des futurs soldats en 1914. Les conscrits portent sur leur coiffure les numéros de tirage au sort qui les ont désignés pour partir à l'armée. Sur leur poitrine, on remarque des décorations fictives achetées à des marchands ambulants.

Tous ces hommes du Groupe amical de Gennevilliers portent, en plus d'un ruban blanc à la boutonnière, une superbe paire de moustaches qui a bien l'air de faire le lien entre tous ces vétérans de la classe 1887. Ils posent ici devant le café du rond-point Croix des Vignes.

Ce club de célibataires s'est trouvé pour surnom : les *Survivants*. Ils posent ici le 7 avril 1929 pour une photo souvenir en l'honneur de leur « nourrisseur » éleveur. Ce groupe compte dans ses rangs des dames bien élégantes.

M

Le Conseil d'Administration de la Société sportive "la Montgolfière" vous prie de bien vouloir assister aux expériences et au gonflement de la Montgolfière moderne (1400 mc.), qui auront lieu le Dimanche 7 Juillet 1912, à 2 h. 1/2 de l'après-midi, dans l'ancien parc de Richelieu, Rue Félix-Faure, à **Gennevilliers.**

INVITATION POUR UNE FAMILLE

En 1912 la société sportive la Montgolfière, un des clubs de l'usine à gaz, invite les habitants à assister au gonflement de la montgolfière moderne qui aura lieu le 7 juillet dans le parc de Richelieu. A noter que cette invitation est valable pour une famille.

L'année suivante, au mois d'avril, un voyage en ballon de Gennevilliers à Saint-Quentin est prévu. Ces jours de fêtes ne finissent pas toujours dans la liesse générale car, malheureusement, il y a quelques accidents. Nous sommes à l'époque du début de l'aviation et des premiers exploits des aviateurs.

Vers la place du Nord, les lancers de ballon sont l'occasion d'admirer les engins, rares pour l'époque, et qui le sont redevenus depuis. La foule s'amasse pour assister au décollage d'un ballon à hydrogène portant la bannière de la ville…

Chaque année à l'occasion du 14 juillet, avaient lieu naguère une grande fête et un bal dans le quartier de la rue du Gros-Orme. Cette rue n'existe plus depuis la construction et le réaménagement de tout ce quartier (la plus proche de cet endroit est aujourd'hui la rue Roger Pointard). Tout près de là, à la place de l'ancien lieu-dit les Prémarchais, se situent maintenant le centre administratif et le centre commercial. De nouvelles rues ont été ouvertes.

En 1920 une société cycliste, Asnières sportif, est formée. C'est à l'origine l'association des Grésillons qui est devenue plus tard Asnières Gennevilliers sportif. Très active, elle participe à de nombreuses courses qui attirent beaucoup de monde.

Le club sportif de l'usine Chenard et Walcker en 1918. Chaque dimanche aux beaux jours, les cyclistes se retrouvaient au café du carrefour du rond-point Croix des Vignes. Une salle de ce café à la magnifique pergola était aménagée pour les panser, les réconforter, les encourager, les sustenter et surtout les désaltérer.

En 1924 est créé le groupe de football du Club sportif ouvrier de Gennevilliers. C'est la fusion du groupe appelé l'Etoile grésillonnaise et du Club sportif ouvrier asniérois.

Régulièrement des cas de rage apparaissent et l'on interdit pendant plusieurs semaines la libre circulation des chiens. Pourtant, en 1903, un établissement pour animaux perdus, financé par une subvention Gordon Bennett, s'installe rue du Moulin de la Tour (rue Henri Barbusse).

L'arrivée au refuge dont le but est de *« secourir et d'hospitaliser les chiens abandonnés et malheureux »*. Les chiens sont donnés, par le refuge, aux particuliers moyennant une offrande pour l'entretien de l'œuvre.

Au premier rang, la deuxième personne en partant de la droite derrière le chien est la baronne d'Herpent (directrice). Elle est entourée des personnels responsables des repas, de la tonte et des soins donnés aux animaux.

Les consultations sont gratuites et les chiens sont confiés *« aux personnes qui les aiment »*. Un pansement est ici appliqué à la patte d'un petit chien qui pose gentiment pour la postérité.

Un épagneul dans un demi-tonneau est ici bien obligé de se prêter au supplice du bain devant tous ses congénères très intéressés, mais sûrement un peu inquiets que ce ne soit bientôt leur tour.

L'hospitalisation est gratuite au refuge et la préparation des repas provoque plus d'impatience avant l'ouverture des portes que dans n'importe quel hôpital.

Cette peinture humoristique titrée *Comment ils entrent, comment ils sortent* est exécutée à même le mur du bureau de Camille du Gast. Cette dernière a repris et amélioré le refuge devenant ainsi le Bon Accueil.

La fondation Bennett devient le Bon Accueil. Il a été modernisé et agrandi avant son inauguration le 29 juillet 1927 en présence de sa nouvelle bienfaitrice. Camille du Gast est ici photographiée dans la deuxième cour du refuge. Ce dernier est devenu le refuge de la Société protectrice des animaux.

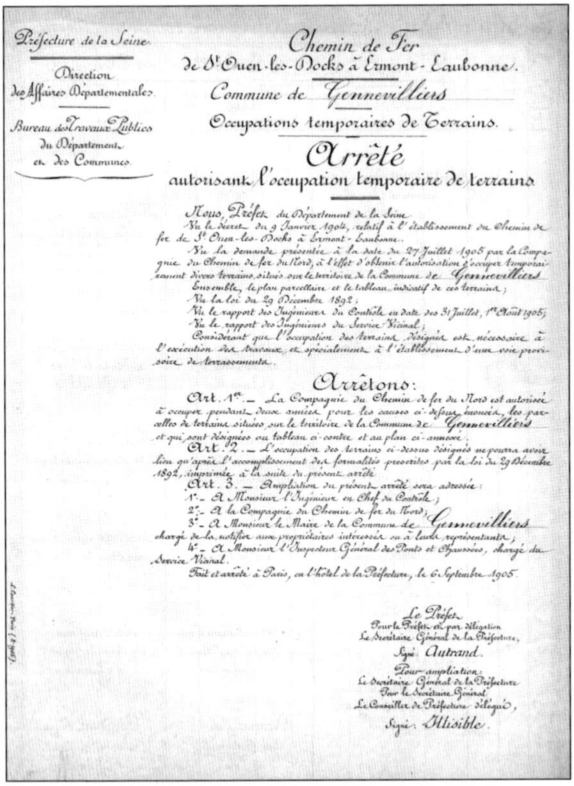

Préfecture de la Seine

Direction des Affaires Départementales

Bureau des Travaux Publics du Département et des Communes

Chemin de Fer de St Ouen-les-Docks à Ermont-Eaubonne.

Commune de Gennevilliers

Occupations temporaires de Terrains.

Arrêté

autorisant l'occupation temporaire de terrains

Nous, Préfet du Département de la Seine

Vu le décret du 9 Janvier 1904, relatif à l'établissement du Chemin de fer de St Ouen-les-Docks à Ermont-Eaubonne.

Vu la demande présentée à la date du 27 Juillet 1905 par la Compagnie du Chemin de fer du Nord, à l'effet d'obtenir l'autorisation d'occuper temporairement divers terrains situés sur le territoire de la Commune de Gennevilliers

Ensemble, le plan parcellaire et le tableau indicatif de ces terrains ;

Vu la loi du 29 Décembre 1892 ;

Vu le rapport des Ingénieurs du Contrôle en date des 31 Juillet, 1er Août 1905 ;

Vu le rapport des Ingénieurs du Service Vicinal ;

Considérant que l'occupation des terrains désignés est nécessaire à l'exécution des travaux, et spécialement à l'établissement d'une voie provisoire de terrassements.

Arrêtons :

Art. 1er. — La Compagnie du Chemin de fer du Nord est autorisée à occuper pendant deux années pour les causes ci-dessus énoncées, les parcelles de terrains situées sur le territoire de la Commune de Gennevilliers et qui sont désignées au tableau ci-contre et au plan ci-annexé.

Art. 2. — L'occupation des terrains ci-dessous désignés ne pourra avoir lieu qu'après l'accomplissement des formalités prescrites par la loi du 29 Décembre 1892, imprimée à la suite du présent arrêté

Art. 3. — Ampliation du présent arrêté sera adressée :

1°. — A Monsieur l'Ingénieur en Chef du Contrôle ;

2°. — A la Compagnie du Chemin de fer du Nord ;

3°. — A Monsieur le Maire de la Commune de Gennevilliers chargé de la notifier aux propriétaires intéressés ou à leurs représentants ;

4°. — A Monsieur l'Inspecteur Général des Ponts et Chaussées, chargé du Service Vicinal.

Fait et arrêté à Paris, en l'hôtel de la Préfecture, le 6 Septembre 1905.

Le Préfet
Pour le Préfet et par délégation
Le Secrétaire Général de la Préfecture,
Signé Autrand.

Pour ampliation
Le Secrétaire Général de la Préfecture
Pour le Secrétaire Général
Le Conseiller de Préfecture délégué,
Signé : Illisible.

Cet arrêté du 6 septembre 1905, autorisant l'occupation des terrains pour l'implantation du chemin de fer, a mis fin aux discussions autour des expropriations, les propriétaires cherchant à obtenir le maximum d'indemnités en faisant traîner les procédures.

Le pont du chemin de fer, situé en aval du pont d'Epinay, est ici en construction. Ce pont permet le passage de la Seine entre Gennevilliers et Epinay et favorise l'essor économique de la commune et les échanges avec les communes voisines.

IX
Au fil de l'eau

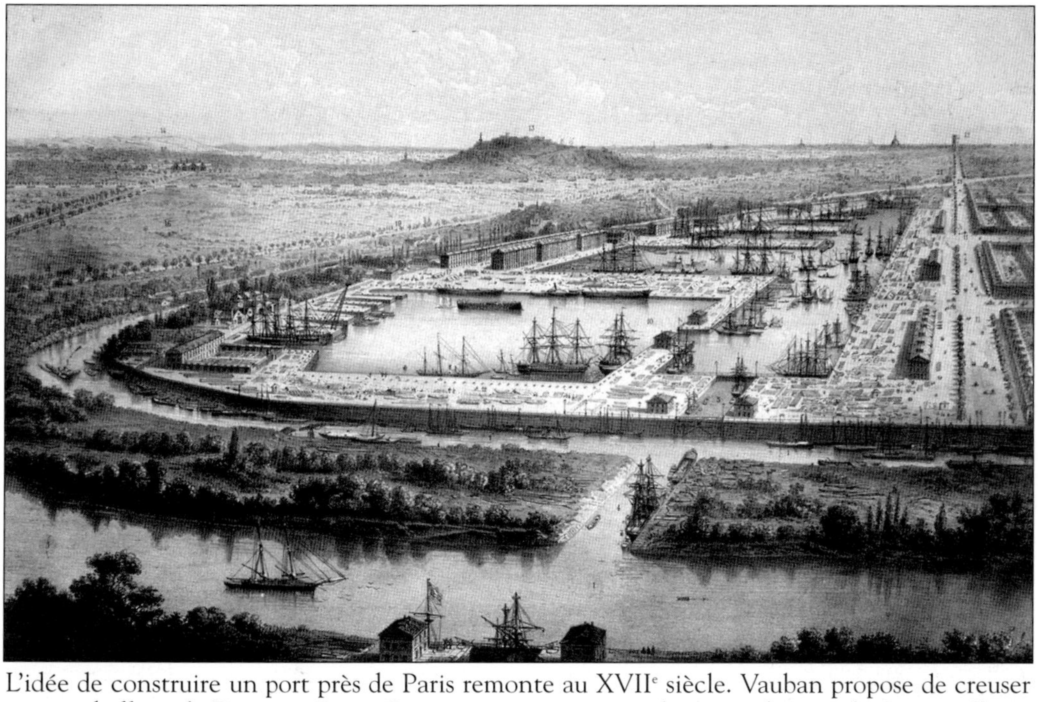

L'idée de construire un port près de Paris remonte au XVIIe siècle. Vauban propose de creuser un canal allant de Dieppe à Paris. Cette gravure représente le projet du port de Gennevilliers. Dessiné en 1863 par Aristide Dumont et Louis Richard, il est directement relié à Dieppe. L'ensemble s'appelle Port maritime de Gennevilliers. De très beaux voiliers évoluent dans de grands bassins protégés par une digue de défense. Cette maquette complètement futuriste laisse apparaître une grande avenue reliant le port à l'Arc de Triomphe de Paris. Les ingénieurs du XIXe siècle rêvent déjà d'un port. Les projets ne cessent de se succéder jusqu'au début du XXe siècle.

Au début du XXe siècle des Gennevillois élèvent encore des moutons, ce qui occasionne parfois les plaintes des vignerons en raison des dégâts causés par ces animaux. Les moutons ici paissent tranquillement le long des berges de la Seine sans se douter qu'ils sont sans doute les derniers en raison de la clavelée, terrible maladie qui les accable et qui en principe oblige à abattre les troupeaux. Au loin, le pont du chemin de fer.

La plaine de Gennevilliers et le pont du chemin de fer pris des coteaux d'Epinay. Au premier plan, on aperçoit les vignes. A Gennevilliers le vin produit est un peu aigrelet et sert essentiellement à la consommation locale. Au milieu du XIXe siècle, on compte une trentaine d'hectares réservés à cette culture. Le gamay dit d'Argenteuil est assez apprécié, mais au début du XXe siècle on le remplace par des plants qui résistent davantage au phylloxera. Toutefois, la production régresse régulièrement pour disparaître complètement au milieu du XXe siècle.

Le projet de construire un nouveau pont entre le pont de Saint-Ouen et celui de Clichy date de 1899. Pourtant le pont de Gennevilliers n'est mis en service qu'en 1924. Il contribue largement à faciliter les communications de la boucle de la Seine qu'il surplombe et permet la circulation le long des rives du fleuve grâce à une grande arche de maçonnerie au-dessus de chacun des quais.

Pendant les travaux de remise en état du pont de Clichy détruit en 1870, un autre grand chantier voit le jour, celui de la construction du pont d'Epinay. Achevé en 1878, ce pont de pierre superbe, que l'on doit à M. Lahonde, permet la liaison entre Gennevilliers, Epinay, Enghien et la vallée de Montmorency…

Gustave Caillebotte, bourgeois aisé, ingénieur naval, peintre amateur de jardinage et de philatélie achète une maison au Petit-Gennevilliers en 1881 et installe un atelier de construction de voiliers. Il finance beaucoup de travaux d'aménagement de la voirie et s'associe à son ami Ferdinand Luce pour créer les chantiers navals qui portent son nom. Juste à côté, d'autres chantiers navals réparent et construisent des bateaux, dont les chantiers Texier que l'on voit sur ce cliché.

Dès les années 1850, une gare au Petit-Gennevilliers amène promeneurs et régatiers sur les bords de Seine. En 1863, cette gare est remplacée par celle d'Argenteuil et les promeneurs de plus en plus nombreux louent des canots. Les chantiers navals font florès. Dès 1870, les impressionnistes fréquentent cet endroit. Certains s'y installent : Monet à Argenteuil, Manet à Gennevilliers.

Depuis 1858, une taxe est imposée aux mariniers qui font séjourner leur péniche le long des bords de la Seine. En 1879, cette même taxe touche les bateaux de plaisance. Gustave Caillebotte s'oppose à cette proposition. Le peintre Signac a exécuté un tableau qui rappelle beaucoup ce cliché.

L'usine à gaz date de 1904. Elle possède son port particulier pour accueillir les péniches chargées de charbon. Son débarcadère compte jusqu'à six grues qui assurent le déchargement du combustible. C'est aussi en 1904 que la construction de la ligne de chemin de fer docks de Saint-Ouen-Ermont, décidée en 1901, est déclarée d'utilité publique.

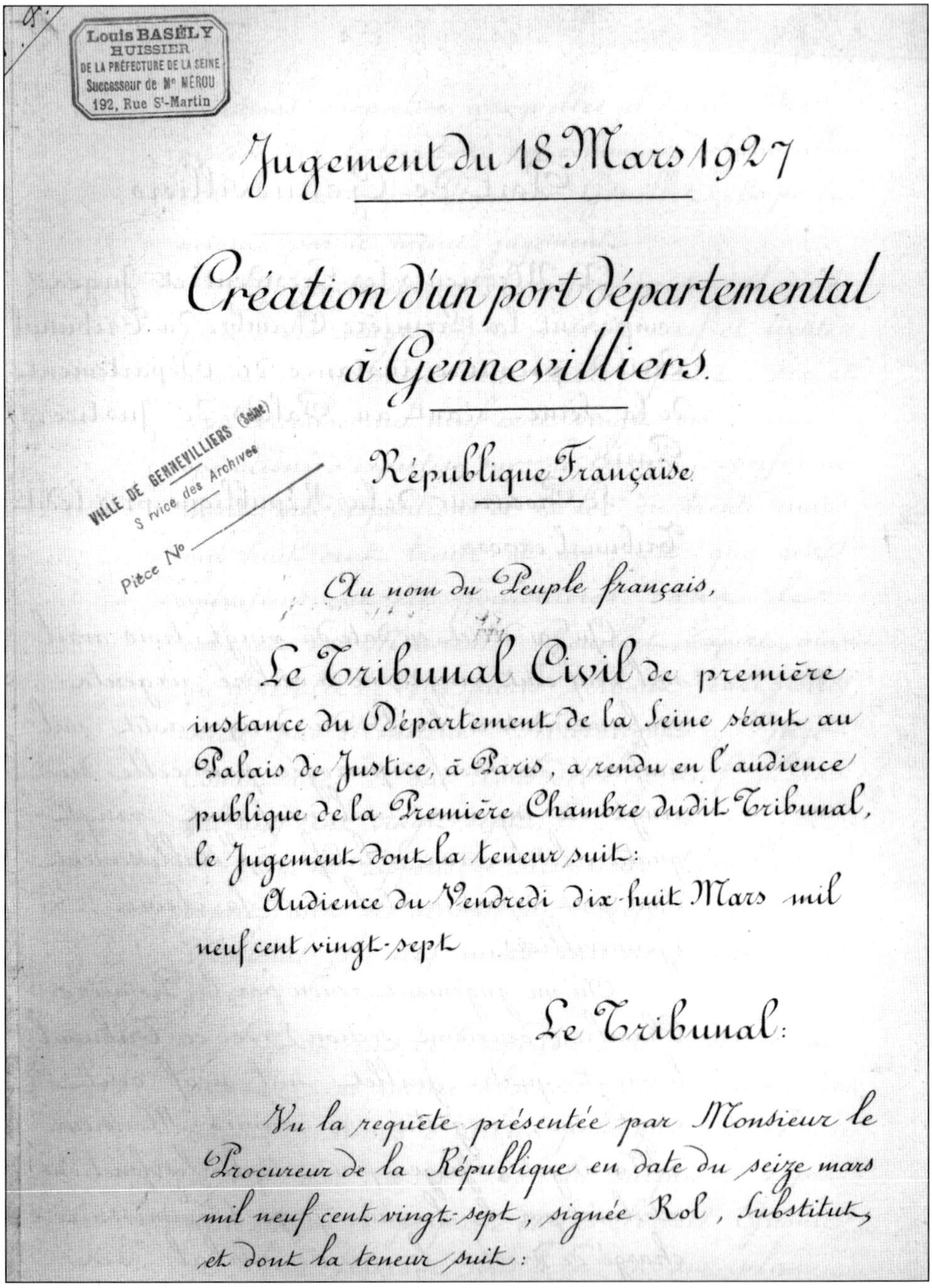

Jugement du 18 Mars 1927

Création d'un port départemental à Gennevilliers.

République Française

Au nom du Peuple français,

Le Tribunal Civil de première instance du Département de la Seine séant au Palais de Justice, à Paris, a rendu en l'audience publique de la Première Chambre dudit Tribunal, le Jugement dont la teneur suit:

Audience du Vendredi dix-huit Mars mil neuf cent vingt-sept

Le Tribunal:

Vu la requête présentée par Monsieur le Procureur de la République en date du seize mars mil neuf cent vingt-sept, signée Rol, Substitut, et dont la teneur suit:

Ce n'est qu'en 1926 qu'un décret prononce enfin la déclaration d'utilité publique de créer un port. Le jugement est rendu le 18 mars 1927. Les plans d'implantation dessinés par les ingénieurs Suquet et Bienvenüe sont différents de ceux qui ont été imaginés antérieurement. En 1928 commence le creusement de deux des six darses prévues, mais les travaux s'arrêtent très vite faute de financement. La crise économique de 1930 contribue à l'ajournement de cette réalisation jusqu'en 1934, date à laquelle le conseil général adopte un programme de travaux qui commencent en 1936. A la déclaration de la guerre, la physionomie est tout juste ébauchée, mais déjà il peut fonctionner. Les travaux sont de nouveau stoppés…